FINNISH FOR FOREIGNERS

Educational Puzzles for Adults

Volume 4

OPPIAN

Published by Oppian Press
Helsinki, 2020

ISBN 978-951-877-167-1

Learning Finnish may sometimes be hard, but it can also be fun! This book contains crossword and word search puzzles that will help any foreign student of Finnish improve their vocabulary.

The puzzles deal with various topics such as states and countries, technology, household items and appliances, workplaces, food and cosmetics.

Completing the puzzles will help you pick up new words and improve your Finnish while enjoying yourself.

Here are some terms you will encounter in the book:

Etsi laatikosta 10 kuvassa olevaa asiaa
=
Search the box for 10 items from the photo

Ratkaisu
=
Solution

Solutions to all puzzles can be found at the end of the book.

Meikkaaminen

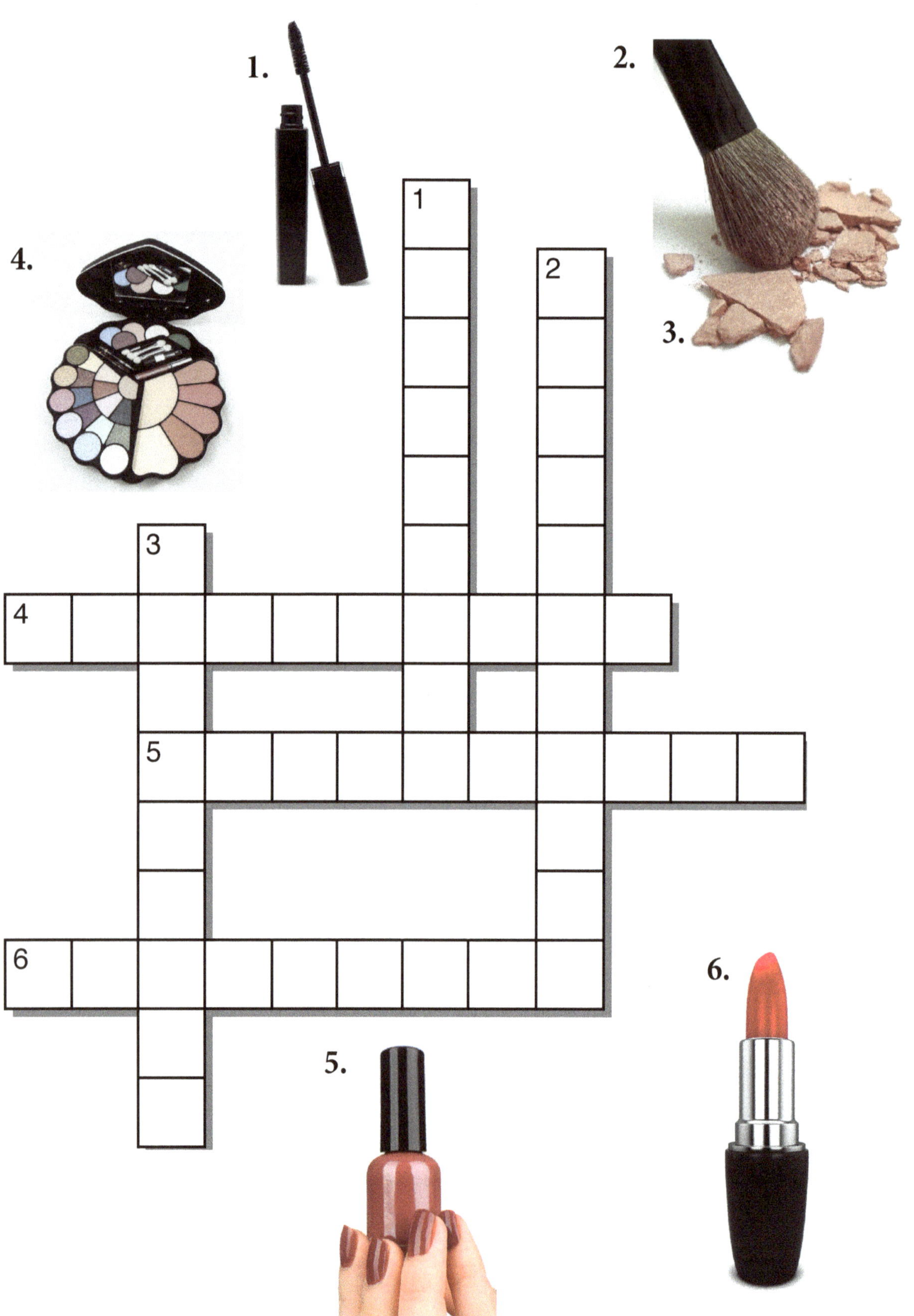

Silmä

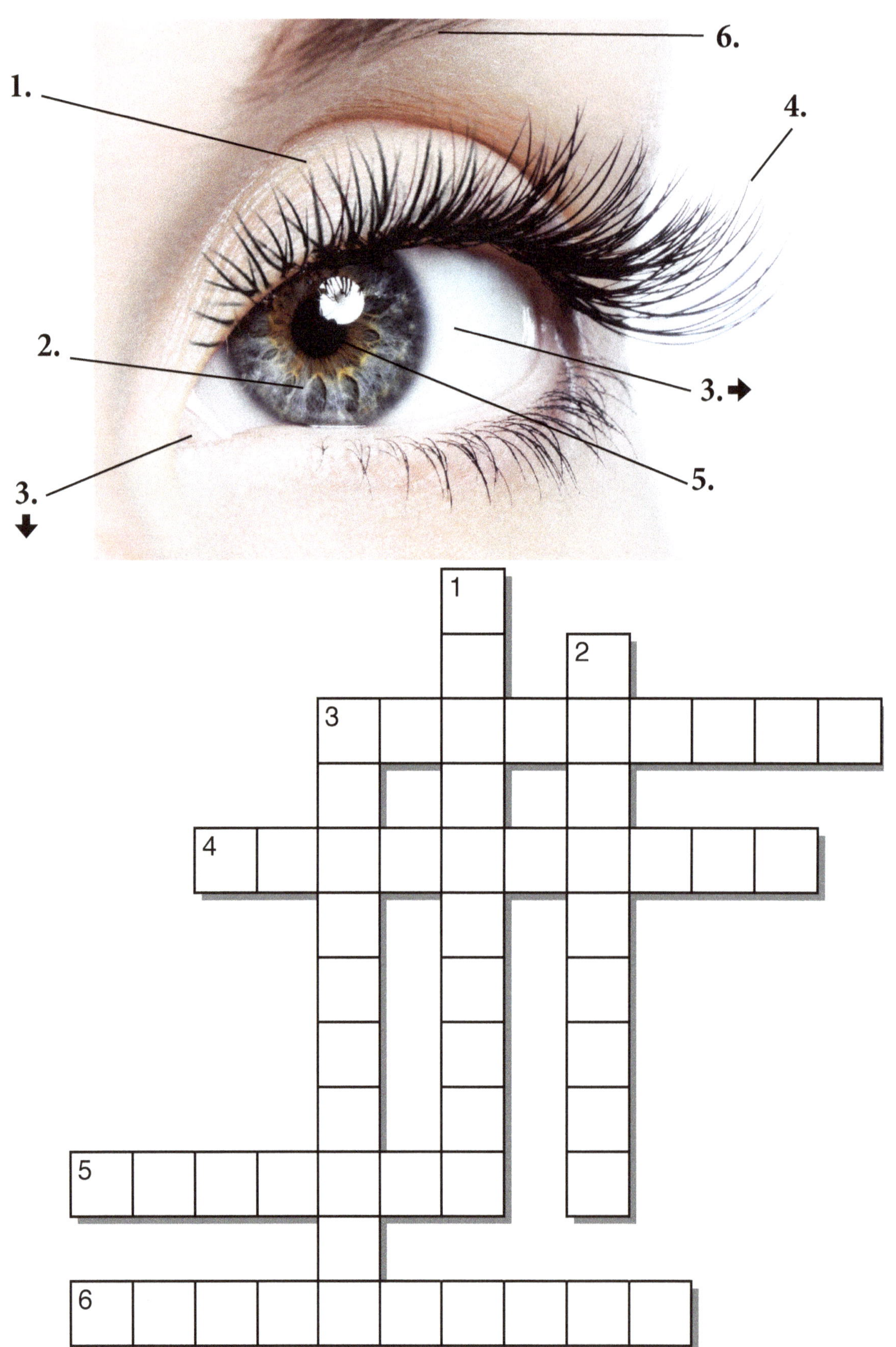

Merieläimiä

Leipiä ja leivonnaisia

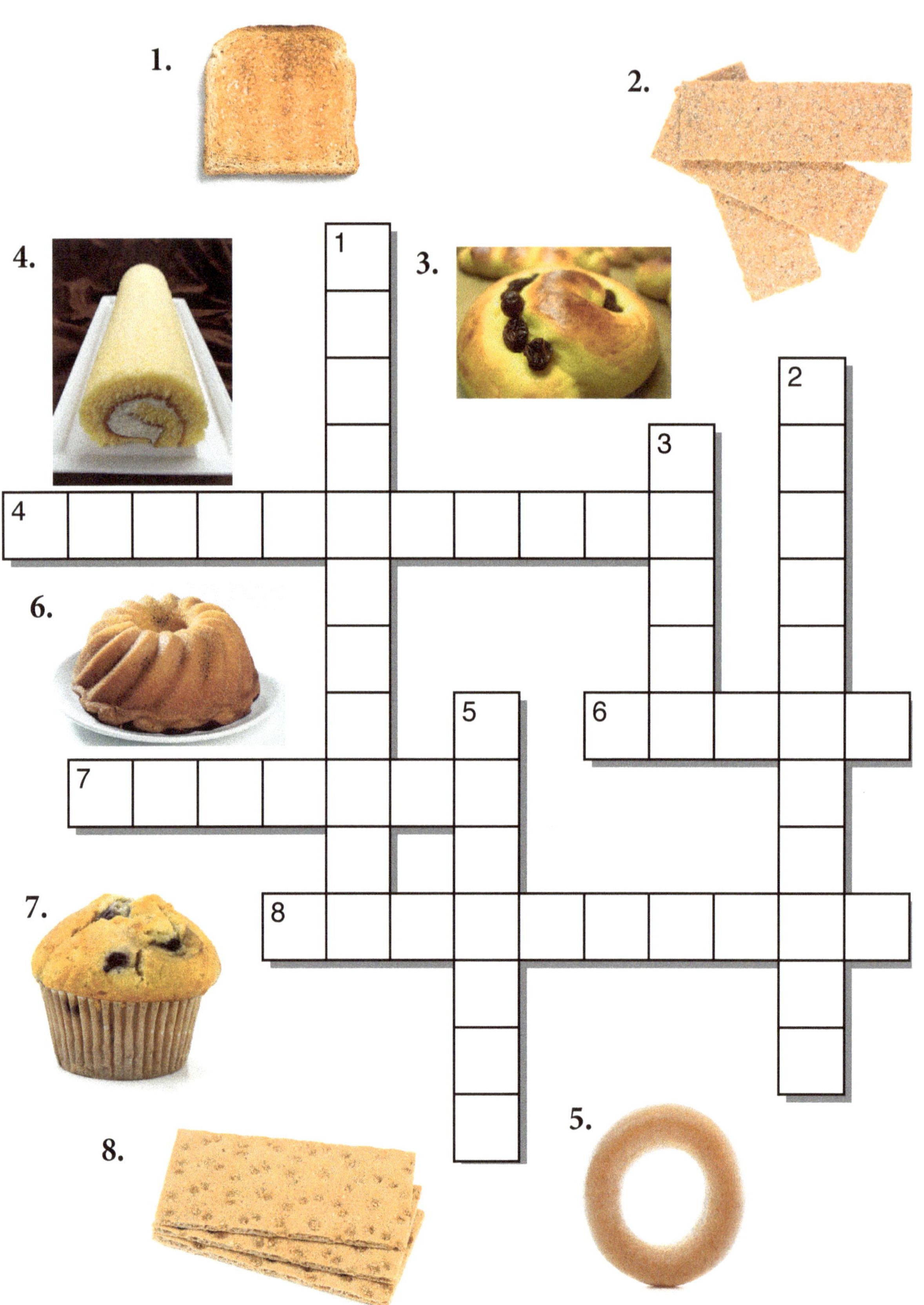

Iholla

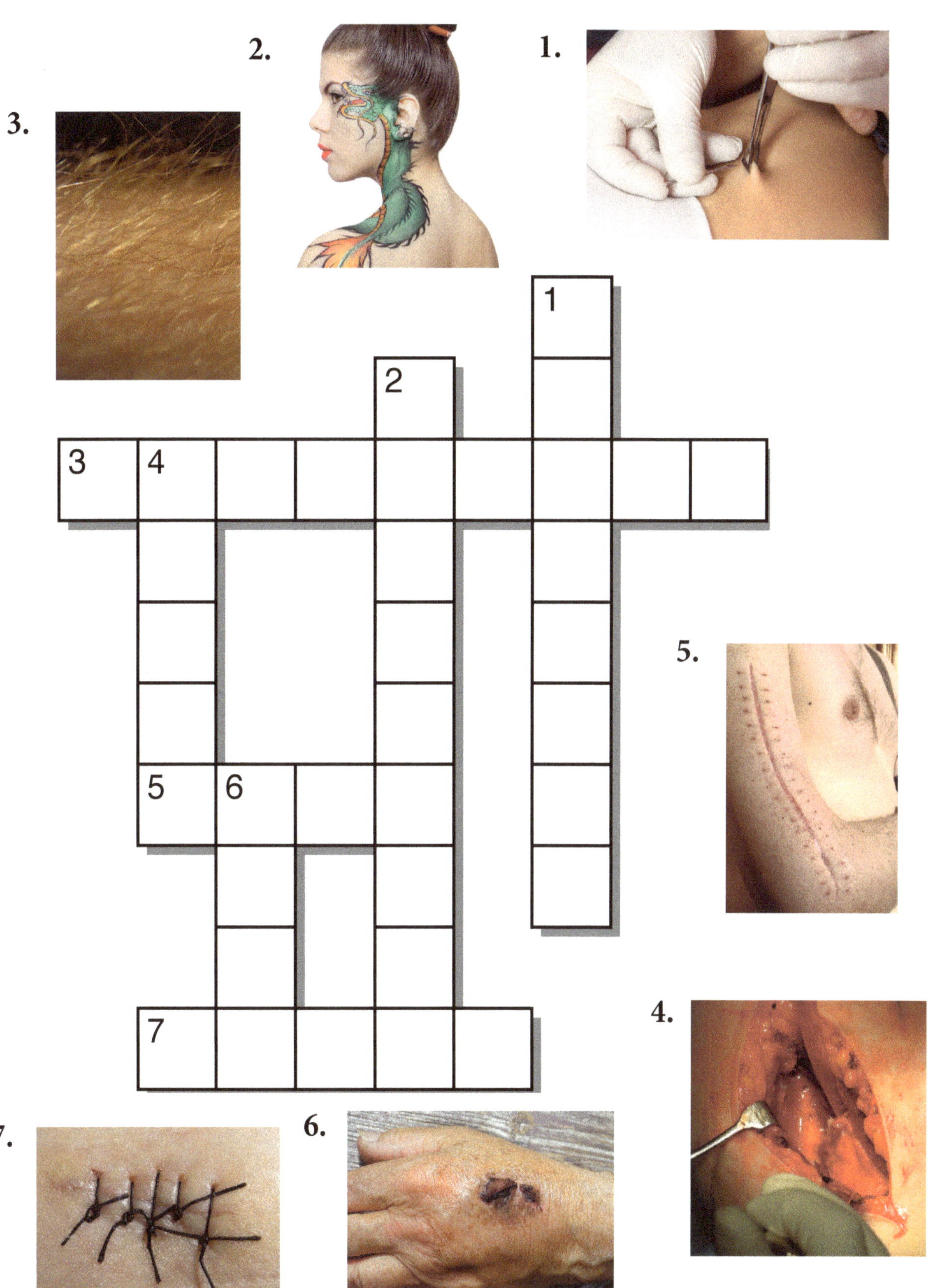

Turvallisuus

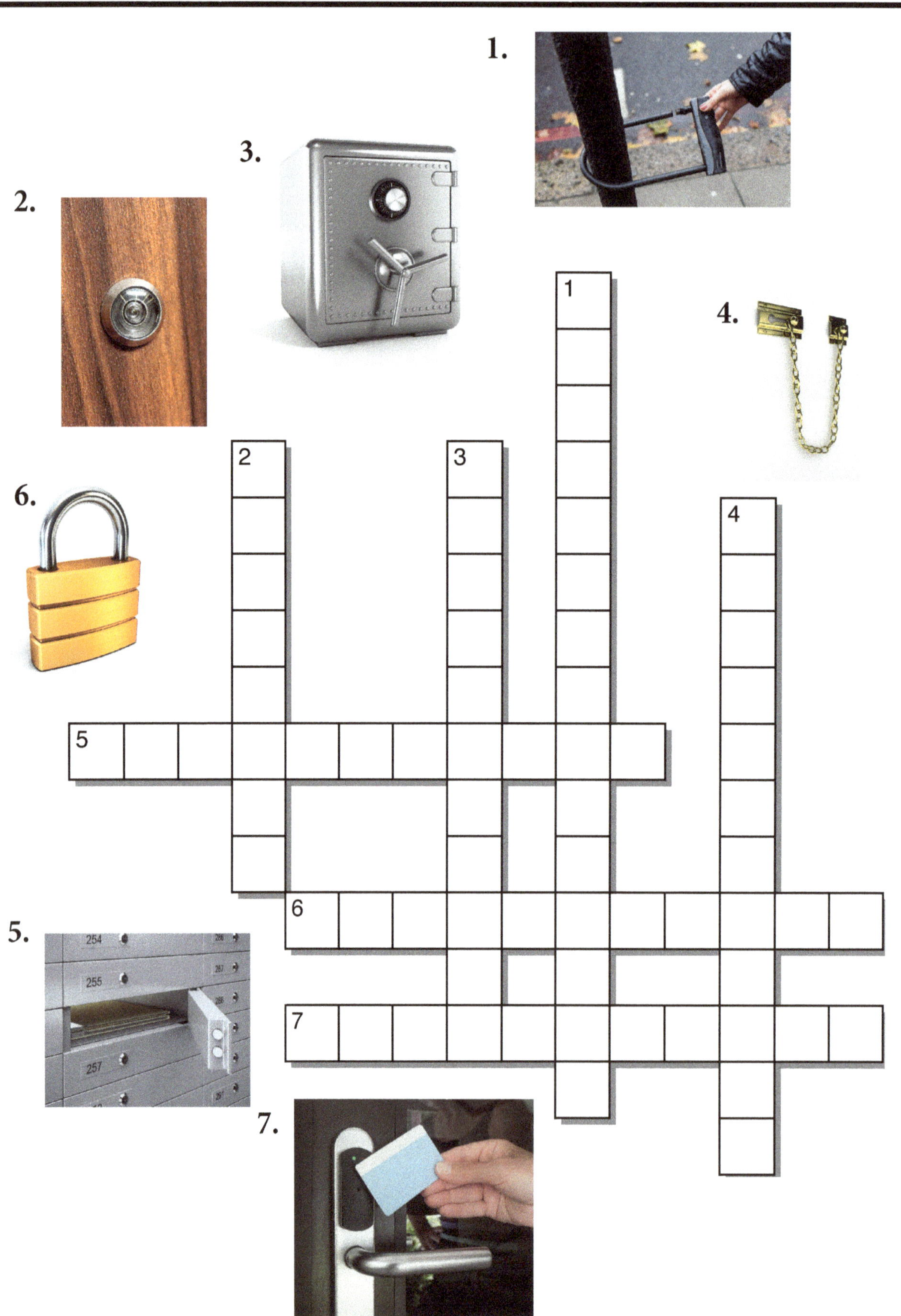

Juureksia

Taitelijatarvikkeita

Ajan mittaaminen

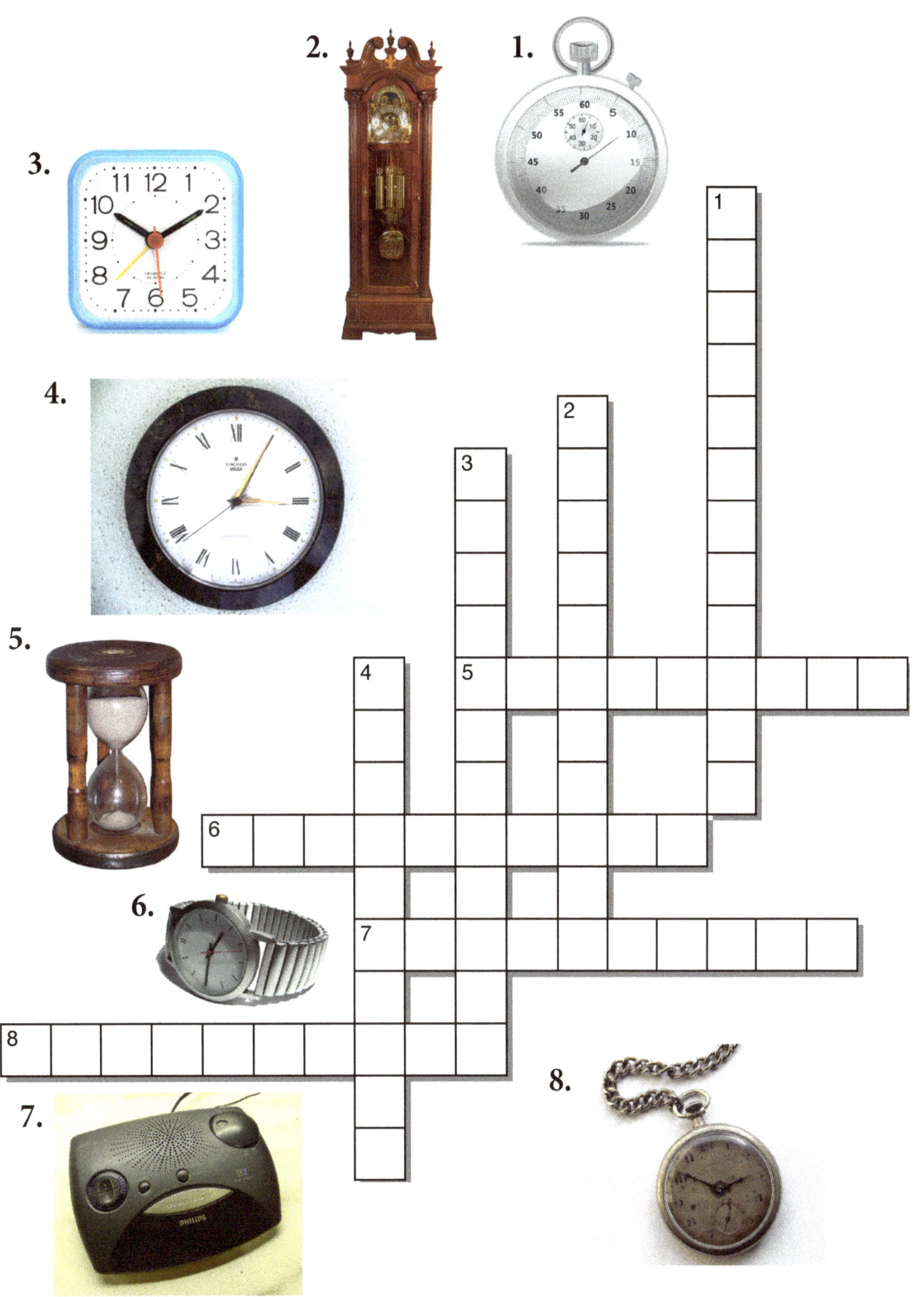

Kukkia 1

Kukkia 2

Kukkia 3

Yrttejä

Kadulla

Etsi laatikosta 12 kuvassa olevaa asiaa

```
U V L Ä Ö I T E I P P I E S H L J I A L
S I N T A M L L M U M T K I A Y N T U O
T I P A I T A V O T I V I E U T H M M A
L V M L S O U T I P Y K T V R H Ö O U S
O O V Y K Ö M R M A M R L S I Ä Y P O H
J T R H I J Ö L R U H Y O H N Y U M V O
Y I O Ö A N J V N T N Ä R Ö G P H A I R
M N R K R A O E R O E K Ö U O M V L P T
H S K R L V I M T T L J H J N Ö I M U S
V E J A L K A K Ä Y T Ä V Ä K U V E S I
A A Y L Ä L Y Ä V M Y Ä U N U Y O S S T
J I U J T H I M T N Ö E A K K T Ö I I R
E I N I U O Y K O J K Ä I U K V O P M V
L E A K A S V O T N O M Y J A Ä Ö E J A
M A K A T U T A I T E I L I J A P M L Ä
A T J Ö A L T Ä E L J N Y V H T Y S I R
V K H J A L V N L S U E L O R J Y E I U
N Ä V T N O U O L K T P P E N K H K T T
S R Ä V A V I P L Ö Y K E U S L E Y U N
R Ö E A M Ö Ä A Y L S A N D A A L I T T
```

Työpiste

Etsi laatikosta 10 kuvassa olevaa asiaa

```
T K Ä O K E M H P Ä O V I L Ä T P I M H
Y I R I J Ä R U L Ö P L H U Ä U U E A U
Ö M S Ä M N Ä Y T T Ö A T Ä T L Ä N I N
T O P H H I Y R L R A Ä R N I O M L L Ä
U V U J M E H I K Ö P E U K A S L Ö R P
O H O Y M V O J L N I S U T Y T K U E P
L H T Y Ö P Ö Y T Ä U I Ä P H I Y U Y Ä
I U O H P L A L E O T Ä A H U N J H I I
T O K N M M V A P Ö N M P A L R H R Ö M
I N Ä L J S Ä U T J N O N N M J J J V I
N Y Ä U N T L Y J I M K A L N O L Ä A S
Ä S T E Ö K J P K U U L O K K E E T L T
N E N A Ö Ä J J M Ö Ö A J K K M T R T Ö
Y I J P V P E I H L M O H M A S O A H Y
Y I L M O I T U S T A U L U V E L A Ö H
J H I I R I M A T T O I P K K S L P K I
M A M S I P O A H Y Ö H Ä V A U A Ö A I
A Ä V T A R K I S T O K A A P P I S H R
Y O N I S Ö V J Y O L N K N Ö T Y M I I
U N N Y U Y E H R S Ä E M O Y I H T Ö I
```

Kotitehtävät

Etsi laatikosta 10 kuvassa olevaa asiaa

```
P M E M V Y L S Ä I L I Y H U V I K E A
Ö K M K A M M I V O J U T H J V E E V I
Y M T E P H K O T I P A K H S E P E I E
T E K L H V V K Ä L H I T O U R J H S L
Ä Ö V H V Ä V H K P O V I A U K K O Ä S
L E U Ä N J O U N K J S E H L Ö P P L I
I S Ä O Ä L H O I E P H P Y K H P T T T
I N N R S U T L Ä V J A Ä O Y E T E A N
N R T L U P M T L R N L T U O L I Y K I
A S K A J H U Y I S V A J O A R V E L Y
K P L U H M H N N J U A O P Y J U Ö N U
H P Y L Ä N J E Ö U M Ö Ö L V Ä O L M K
Y J T Ö L V Y L L T E E P M T A R J J U
M H E V P V K Y U T L Y L A Ä M I H H Y
Y H Ö A T N M Y Y R K Ö Ä U U I Y M H P
Y L O V K N R O E M E Ö K I S S E Y K O
S I V O S V A A I R M Y S O A Ö R O Y I
I R K A L E N T E R I Ä Y I M A H P N K
R R K K E Ä T U E O H N T T N L Y S Ä A
I R Ö Ä I O J N Ä S J N I T I I I A V O
```

Turisti

Etsi laatikosta 10 kuvassa olevaa asiaa

```
Y S O K T A H Ö H Ä O H E A T A L V I T
J Ä K U T H L P A Y R P A M E E S O V Ö
O P M O O E U O Ö J S A V Y Ö N H Ö Y P
U T L V P O S I N N V L J V I Ö J E T I
L R A I T I O V A U N U K I S K O Ö N P
U T M J L V M P V I J Ä K S T Ä J A R O
V P K H S K Ä E Ä S N K U Ä H R S L E Ö
A A Ö L L A H R S U V Ö S N A U O Ö E N
L O Ö Ä R L L U M I K A S A K Ä T Ä S
O M N R N T I Y H Y J K T U N I A R P U
J V R E V T H N I Y H S R J O J Y U R O
T Ö H P V A O M H R O O P H Ö T N O V J
J S Y I J P V S P I R N Ö T M N Ö M Y A
S Ö M I L P R Ä Ö Ä N V O P L N N T K T
R I S T E Y S Y O J U A O Ö K H E A I I
A S K N Ö M E N M Ö I V A U S M Y S A E
M H T Y S S K L T T T O S V Ö R J O H E
Ö R A Ö O E U U E K O P E R O Y S O S H
V Y Ä H A N S I K K A A T M U J E P V Ä
H M A A Ö I M U A K I T S T A K K I K J
```

Lentokoneessa

Etsi laatikosta 10 kuvassa olevaa asiaa

```
J A K K U P R S J L T K J Ö V R Y L J A
I V I O Ä R A P T L A A S T Ö H Y S K V
I O J T A K I K P J R E S V L Y N P Ä I
O T I L O Ä T L E S J P Y O H T V Ö S S
I I Y S V Ä I L O R O N A O K J P Y I T
H Ö Ä V K I I R Y P T Ö S Y N E I R N U
Ö Ö Ä Ä Y P K K I O I E T I Ö O A J O I
N I M L Y A K U N L N P M H M L O S J N
I E L E U R U U I V E M M O T I S I A M
S I N R E V N I P T Ä E Ö N R H N H V I
K P Y P O I A Ä M H K M K Ö Y R L K Ö M
A S O I Y E O I T M Ä O O R L P R O L A
T N V Ä Ä R Ä H Ö T E L J K O N K V A V
U P Ö N A T S S Y Y U U O U A Ä L J S A
K S K O L M I O L E I P Ä U N Y T V I R
I J Ä Ö R L V S T Y Y N Y O S T M T T T
U P V P K L P A K Ö M P E A J T R O N J
O I R S S V L Ö J J N H V O J Ö U Y M P
T J R S A I M I L K N E A N E N T S J J
J A L K A T I L A Ä E K Ö A V U E O P S
```

Koulussa

Etsi laatikosta 10 kuvassa olevaa asiaa

```
N T O H R V U K J V N U U S Ö K Y E E O
N T V H U K E H Y R U H U O Ä Y K Ö I P
K S A N N K H S M Y A Y I E O N I Y R P
S L Y I O R Ä S O S H Ö I I S Ä R Y L I
T U O L I J U N U I Y Ä U N U N J S A L
K N L S L E P V J J A A L M R O A K I A
M S R T A S K U L A S K I N E S S O T S
Ö E U L U U E A S E R H A Ö Ö E E P Y A
U Ö U A N N H H K N R Ä H R P U H I E P
R K M O R N U V M Ö K Y Ö S Ö V R R T Ö
S Ä N K H H U Y Ä S H P H N Ö K P L E Ä
I K M S L U O K K A T O V E R I E O E N
M H Ä I K A A L N I I V H A T Y T T Ö O
A N S N L H H S I M V E E O I I O O N P
P E H A T J S V Ä J Y Y A T I E J P R T
Y L J V N E P U P U L P E T T I V S O Y
M V Ö N A Ö J N H T N P K J P K H O E K
L J Y N Y M A I M Ö O E I R Ä T M V H U
S P U S E R O J A E V O Ö I T S T T T E
V K A J O P U L A U K K U S A M V Ä O L
```

Etsi laatikosta 10 kuvassa olevaa asiaa

S	Ö	Ö	Y	L	R	K	I	O	T	I	A	O	R	N	S	T	O	Y	I
R	A	K	M	T	T	E	L	E	V	I	S	I	O	V	E	E	V	T	V
N	E	L	O	Ä	J	H	K	I	M	P	N	H	Ä	E	N	U	O	A	M
N	K	Ö	T	T	R	K	P	R	J	N	H	V	E	R	P	O	E	B	T
I	Ö	I	J	K	L	E	A	R	A	V	I	I	M	H	L	Ö	Ö	L	U
Ö	O	Y	H	Y	Ä	Ä	U	E	S	Ä	E	M	U	O	O	T	A	E	L
J	T	A	E	S	R	Ö	S	Y	R	J	E	U	J	M	M	Y	R	T	P
J	Ä	M	I	O	O	I	T	V	S	S	K	T	V	M	U	H	R	T	P
L	N	J	K	L	M	K	U	V	N	P	A	E	E	K	Y	K	A	I	A
S	I	E	A	S	E	V	I	Y	Ö	H	Ö	T	J	K	M	Ä	V	H	A
P	N	Ä	N	J	Ä	L	I	A	N	L	V	U	R	A	P	H	Ä	Ö	N
R	E	Ö	N	P	A	V	E	J	M	P	L	O	Y	E	P	R	I	J	I
P	Ö	L	U	P	S	P	U	K	J	H	J	L	U	R	K	R	P	T	O
A	V	R	T	V	Ö	O	Y	R	K	N	J	I	S	T	H	J	A	J	M
V	I	Ö	M	H	I	T	Ä	T	Y	A	U	T	O	N	L	O	P	Y	L
M	J	P	Ö	Y	T	Ä	O	M	O	L	V	S	R	L	A	S	I	M	O
V	T	L	P	H	E	T	H	H	H	M	H	R	V	A	Y	E	R	R	J
A	P	P	E	L	S	I	I	N	I	R	L	V	L	A	Y	E	N	M	V
H	S	Ä	E	H	R	R	H	Ö	H	H	V	Y	L	Ö	N	Ä	P	U	S
A	Y	Y	O	Ö	S	S	K	E	Ö	M	A	L	J	A	K	K	O	V	L

Etsi laatikosta 8 kuvassa olevaa asiaa

```
T  Ä  Ä  U  P  N  N  I  H  O  Ö  I  Ä  L  U  H  V  U  I  L
U  I  I  L  N  Y  J  J  M  V  L  N  V  S  K  S  Ö  O  U  R
O  T  A  P  E  T  T  I  P  U  O  K  Ä  I  V  V  I  S  M  R
L  A  U  R  R  R  V  A  U  V  A  N  S  Ä  N  K  Y  J  A  V
I  Ä  J  J  M  P  N  M  P  Ä  U  T  Ä  A  R  V  M  Y  Ö  Y
K  E  T  R  L  U  U  M  L  M  E  S  I  S  L  Ä  O  O  N  L
V  Ä  T  K  T  A  U  Y  O  Y  H  K  H  N  L  K  B  Y  N  Ö
O  J  J  Ä  J  O  R  J  T  Ä  K  P  H  V  E  V  I  H  K  Ä
Y  Ö  H  M  Ö  Ö  S  U  L  U  U  I  J  I  I  U  I  K  T  V
M  Y  J  E  M  A  I  V  M  O  O  S  J  T  P  I  L  Ö  P  M
K  U  N  J  Ö  Y  Ö  I  N  P  H  M  Y  H  U  E  I  U  S  T
J  J  Ä  T  V  H  K  E  J  Y  K  L  H  O  M  E  M  N  J  A
K  M  H  Ä  P  O  R  E  U  Ö  I  A  K  U  I  K  S  N  O  U
U  K  U  A  A  N  T  U  K  H  I  P  H  Ö  Ä  T  I  Ö  T  L
Ä  P  K  Ä  J  T  V  H  T  L  O  E  Ä  Y  S  Ö  R  V  P  U
H  Ö  U  T  H  O  I  T  O  P  Ö  Y  T  Ä  U  L  L  K  K  P
E  O  O  Y  Ö  J  P  O  V  A  Y  H  T  P  V  U  Y  P  J  K
A  Ä  B  O  O  R  D  I  L  P  K  E  R  P  U  V  V  O  U  P
A  O  O  U  J  A  N  Ä  Ä  L  Ö  S  J  T  K  T  M  N  V  R
V  V  T  K  P  N  U  K  K  E  A  H  H  P  H  U  A  J  Y  H
```

Etsi laatikosta 10 kuvassa olevaa asiaa

```
K P E I T T O P Ö S Ä U E U A R L V L V
Y R N T E I H O E S N Y Y K V E L A P A
K H V V U O D E L E O A Ö P H K U I Ä L
L A Ö Ö A V Ö H O N Ä Y P S K I U M E O
O P R Ä U M Ö T P R N A Ö I O R U M J K
L Ä Ö H M P Y M S V R U Y T O A S J Ä A
N Y E S I Ö M A S L S T T K S H H A I T
T Y Y N Y U P P O J Ä A Ä Ä V H N J K
Ö R J Ö Ö R J K A I Y H A T N I M I H A
H J T H K U P V M V Ä K Y N G Y A T V I
L T Ö Ö N A I P E U N E V U Y U R M I S
P H P N Ö S E S K I S P P H N T U S T I
Y L V Ä L Ä U K T P I T R J P S K Ä K J
A A E J U R Ö T R I K H S A Ä Ö A R L A
H N A L L E S K V O J M J E Ä O H S E H
U Y A S K Ö E M S U J O Ö T T T R Ö J O
V P P Y M Ä K V A I N R R P Y Y U R N N
N J M N T Ä T Ö V Ö U O O V H H Ä R R Y
L L U I T O S S U T Y R E J A A V Ö V T
R Y R L A M P P U A R K Ö A A U I I M Ä
```

Vastaanotolla

Etsi laatikosta 10 kuvassa olevaa asiaa

```
M U T E Ö N U I A I P U Ö M H A N A N L
U L R P M Ö L N K Ö Ä L K Y L N J P V Ö
L K A O I J L S V Ä R A O V O L H I I S
O S S N Y E K N N T R R R V P M S M K
Y V Ö T A L L A S I R E V V E K R T J Ä
O Y L E A E V T T K L T A T U T P O S S
Y P A A L Y T O E T Ö V V H Ö S K R N I
K E T S T J V J S Ä S P A K N Ö A A Y D
R L K U N T Y Y E P L S L E P Ö Y S O E
Y I Ö O L V J Y M E E R O O U Y J I Y S
Y M K Ä R T T Ö I E T E H U H A Ö A S I
O L N O I H E E Ä R U A P Ö M Ö H J Ä H
V Y V E R E N P A I N E M I T T A R I J
R Ö A L N M I U P O H O E Ö V M O Ä T I
K V Y N A R M Ä Ä L A Ä M Ä Ö Ö P H Y H
N L P U E Ä L N Y U M Ö V U E S Y L A O
K A L E N T E R I K L N R P K U R Y V R
P U M P U L I A I P P H K A A P P I Ö N
L V V E T O L A A T I K K O J Y K T M L
V S R R Ö Ö Ä O U P S R P Ä V A Ä T H T
```

Tutkittavana

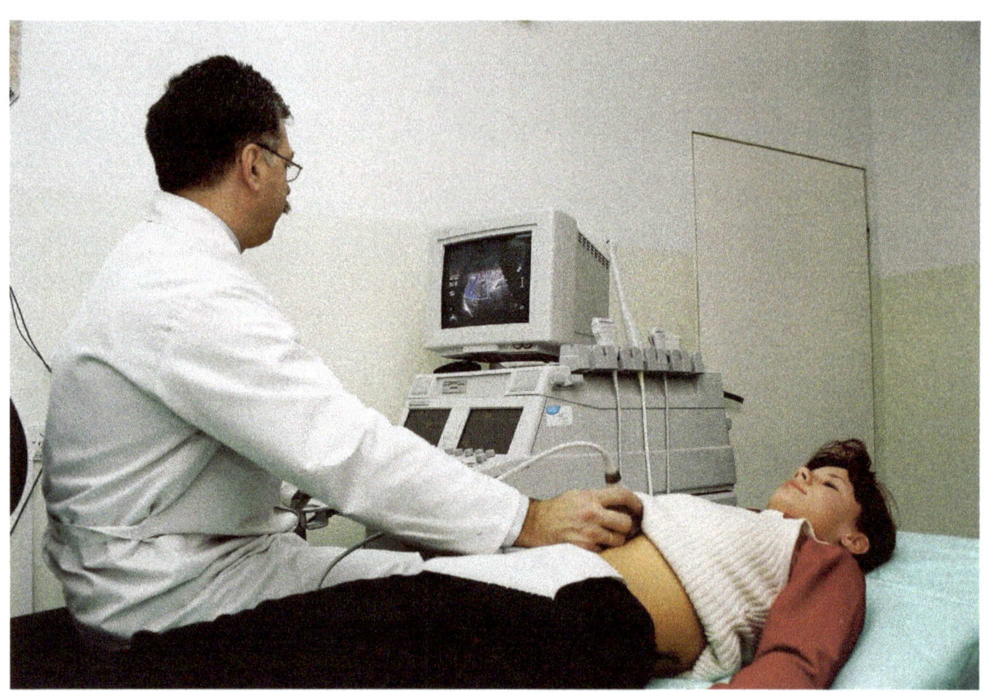

Etsi laatikosta 7 kuvassa olevaa asiaa

```
M V U J Ö H L V P M U J K R E O V N I Y
N N Ö R S R K H M K U V A R U U T U A Ö
T U L T R A Ä Ä N I T U T K I M U S N A
M I Ä Ö V Ö A A T S L S L Y N I Ä P T T
S O L L O Y E R Ä L J I T J O J Ö K U P
Ä A L S L O O N R Y A Ö M M L T H Ä R V
T Y N J E R Y R Ä P A R R H J J Y O I M
K N Ä H Y V A S O T M O Ö T E J I P Y E
O T O Ö H E U K U M A A V E N I I P I T
Ö E J Y U K M P P J Ö A J T H E U H Ä L
V E P O T I L A S I U O P V N U Ö O H Y
P U J A L L H Ö H S I E Ö S T I S V N V
I T J Ö T U T O V A I V I H Ä S M U K L
L E K R M S Ä O P J V R R H Y Ä J P P A
O I K Ö P H J Ä H V O H O O E Y A Ä I
T U T K I M U S H U O N E S R Ä Ö S E T
U Y L K Ä S T Y Y V Y I N A V U P I N E
U Ä L Ä Ä K Ä R I Ä Ö U L J L S E R Ä Ä
J P O T K Ä Ä V U V S U E P K H T Ö M K
Ö Ä O L S Ä E M A U J J Ö J T P L Ö T M
```

Leikkimässä

Etsi laatikosta 10 kuvassa olevaa asiaa

```
O L S I V L M M K M P L E E I L L U M V
N M I O S O Ä Ä Ö P A V N I K E K V J V
L M L Ö E L A J Ö O N Ö K J V L M A I K
T Ä M P R M J N I I Ä J K O O U U N Ä Ä
H T Ä H O U S U T K U Ä J Ä V A O M L I
Y Ö K S H L R Ö A A S O U I V U Y M S Y
R Ö P R M E H N R M A U Ö A H T T S M R
S J R K Y N P Ö E U V N L N I O P I J S
N V Ä A A K O U Ä I Ö J H M H N J L E U
O J J M Ö K P Ä L U U O N O Ö R O S Ä H
O S V J T I J P R Y M M I I I N N V T I
S O R M E T Ä Ä A J U Ä Ä L Ö Ä P Ä Ä E
V Ä L M K O R L H N N E E Ä K Ä K Y P S
Ö N U J K S M O U U L A I V H R T T U Y
O U I H O S M M I Ö M O V R H P A N S R
U M O M R U L S N P V O L V A I E O E U
H V A V V Ä H O K O Ä Ö L U A E I K R L
A Ä S O A H T J Y H I P Ö H M E J O O Ä
O K T O U Y J U I U V Y K K A T S E P R
J M R E K Ä S I V A R S I Ä N H N Ö L T
```

Aulassa

Etsi laatikosta 10 kuvassa olevaa asiaa

```
M V M K N O T N Ö R K S M P J H L A K R
K A T T O V A L O M E I J V I Y S S Ä U
K Ä O Ä E U B H L Ö L V I K H O U N Ä N
J H N E M J A Y N S V A L A I S I N L E
T U E Ö R Ä A K O R I S T E K A S V I K
N M V J Ä M R M O A J V M Y Y A R S H J
K R I A M A I L H A Ä Ä V J J J P H K K
M M R O U H J N H Y Ä K Y A A Y H P A H
Ö I I V I T A K V O P R N K V P E R Ö E
A J I Ö Ä H K J A Ö S U M R P O N A U I
Y S Y A T V K K N E Ä K E Ä Ä P Y P H J
H Ä L L J P A K M L M Ö P N M O R V Y A
P H N E Y Y R I U Ä A A T S Ö I P T K S
Y N O M R O A Ä V H H Y T N J S E M R T
E R P T A U A K L E I O I H U M I H H U
Y E H E Y R Ä A I P V J J V U A L U O S
B A A R I T I S K I V T A S R J I I A T
H I T S T J R Ä Ä H O R Y Y V Ö E Ä T J
U U K J Ä L T Ä P Ö Y T Ä P U L L O N T
Ä L R N O J A T U O L I P S Ö E N H U I
```

Metsässä

Etsi laatikosta 10 kuvassa olevaa asiaa

```
Ö S Y T U R K K I O M K Y N N E T V M P
K H Ä Ä P V A Ö T J K Y U S I A R A H Y
V S I I E J T L J N T V M N V A T H E Y
O A U Ö N L J L M U E L Ö Ä A Y M Y Y Y
Ö M O P T E R Ö U S Ö T V P S J E E T K
R L A H U L Y Y J K P H R P R H S N T R
H U P K U M I A O U Ö O T N E Ö P V R Y
H Ö R K R Ö R U I L Ö Ä I A K N E R K
Y N R V O Ö N R L Ö E K A I R V O Ä L K
A P Ö E P M H P M Ö M Y E S K R U Ö L Ä
Ö O K H Y Ä J Ä Y V K U O N O R Ö S Ö P
R T T P H L I J M A E H U I O K U Y Y Ä
T S V L I U A T O T R T S N E P A H J L
R O Ä Y Y H P L H I Ö N V R A N P H A Ä
K V Y M V Ö L T R A H Ö E I Ä J Y Y N R
A Y V J P Ö O I Y S M S E M O R N H M J
Ä S N S J Y M Ä T N H H A S A Y M E K V
Y E T A S S U N L A J T Ä R L T A A Ö Y
K Y Y P Y N M Ä N E K A R H U Ö Ä L K J
N A L L E L O A V S U L M E K V J K V U
```

Ravintolassa

Etsi laatikosta 12 kuvassa olevaa asiaa

```
O S B U F F E T T I H R T E T L M J P M
V I Ö J Y N I L L Ö L I M O U A Ä Ä U K
E K T H Ö M P A T R Ö V U J A U Y Ä Y R
J N K R H T S U L R H E J Ä A T L D J Ö
P I L E R N U T H U S A Ö L L A L Y S H
M N S Y Ä I S A A O V V A K H N T K T T
Y L E I V O S S K S R J V I S E Ö E H Y
J Y O U P Y T L J M Y A T R U N O O V O
J K L M Y N A I M R V L N U M U P Ö I K
V L H I R L R I Ä Ä H R U O V N Y E L A
H U L P A M U N M R N P A K U L K H V K
R Y L R M L S A I O N L S A P V I K S K
A H M T S V Ä T K S Ä L T H N L H R L U
Y O M U E J A M Y J S A T J H R O K O Y
I E Ö J O P U T A R J O T I N O I R H S
V Ä E E P T L Ö O A A J V R S Ö N T A O
N O U T O P Ö Y T Ä O I P K A Ä J R E T
M N O V S M A O I L K U O R T I S K I I
U H E D E L M Ä O H M P K U T A M P T N
P I M H K H J Ä K T Ä J J K T L E I J M
```

Työpöydällä

Etsi laatikosta 10 kuvassa olevaa asiaa

```
N M Ö U M A Y Ä P R K L M H Y T E N U M
O T Ä Ö S O N U Y P A E P I H V H P T Y
H I S J S Ä T N Ä E N M R I Y Ö S J Y E
V H P I N U Ö K V V S Ä S R P L Ä J T A
V I H E R K A S V I I S N I P P N L I I
I O U J H L Ö H M Ö O I T H Y N N S N K
H I I R I M A T T O L H H O U P Y N E O
N J S H Y S R E V Y H T H L M V N J T U
P O I N T Ä P M U E P E E V Ö P K A A V
L Ö Y N K I Ä R O T Ö Ö Ä N I J Ö L B E
L L S Y O L O A N J I I Y N H U O U L N
N S T Y Y Ö M M M Y T L T Ö Ä R A S E Ö
M I T O O S V J P K R A O N H A Ä T T I
E O V N O Ö I P S Y U A K V J Ö Ä A T Ä
U U N Ä P P Ä I M I S T Ö I J L A I Y
T A U S T A K U V A Ä T H R K Y Ö V O V
S V T H Ö H Ä P U T U A K Y L L P Ä U T
J R V N I T I E T O K O N E Ä I V O Ö I
V T R U N N V L U U A Ö N I S Ä Ö J T A
L L N V A L A I S I N I S N O K P O R L
```

SOLUTIONS
RATKAISUT

Meikkaaminen • ratkaisu

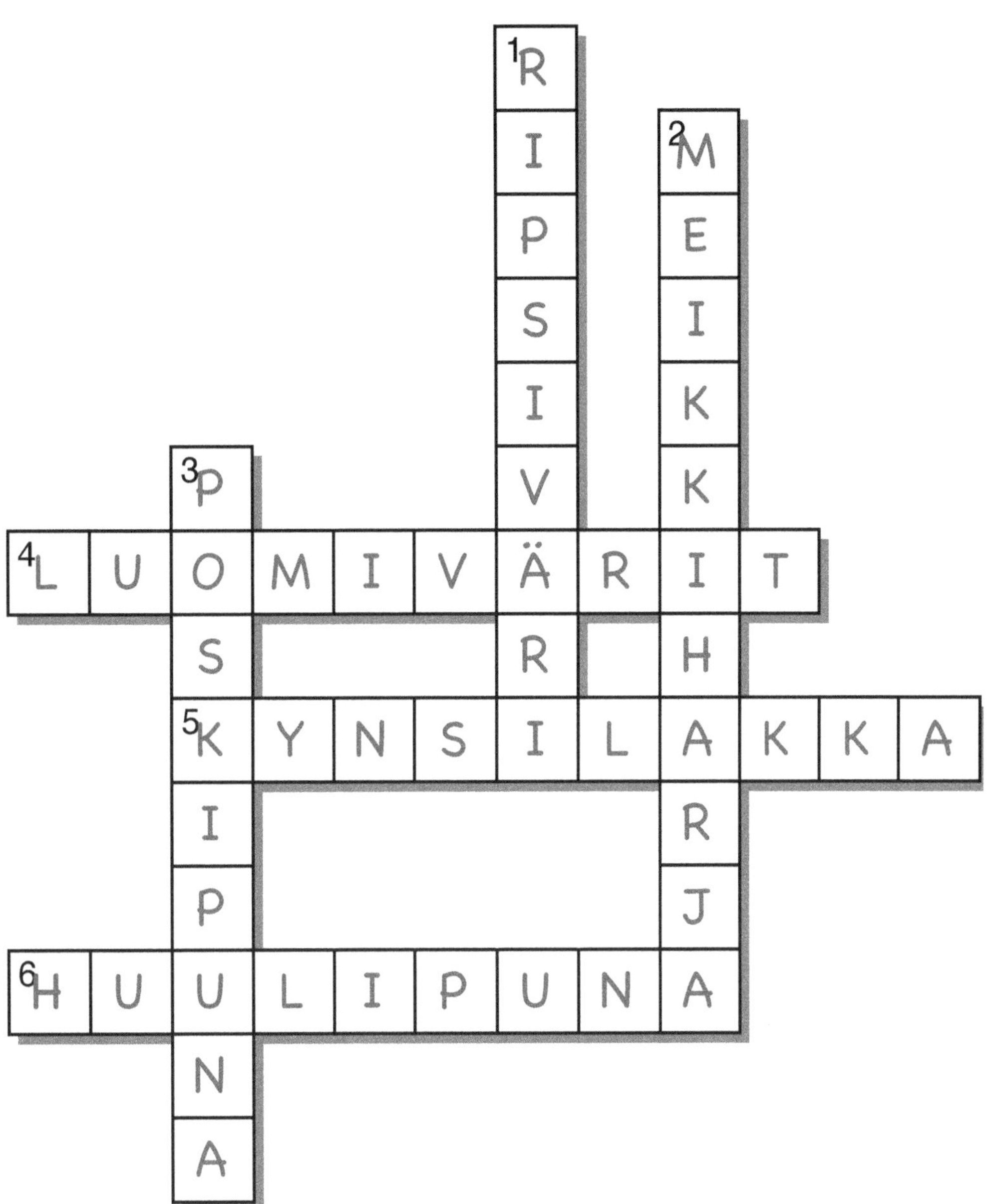

Mausteita • ratkaisu

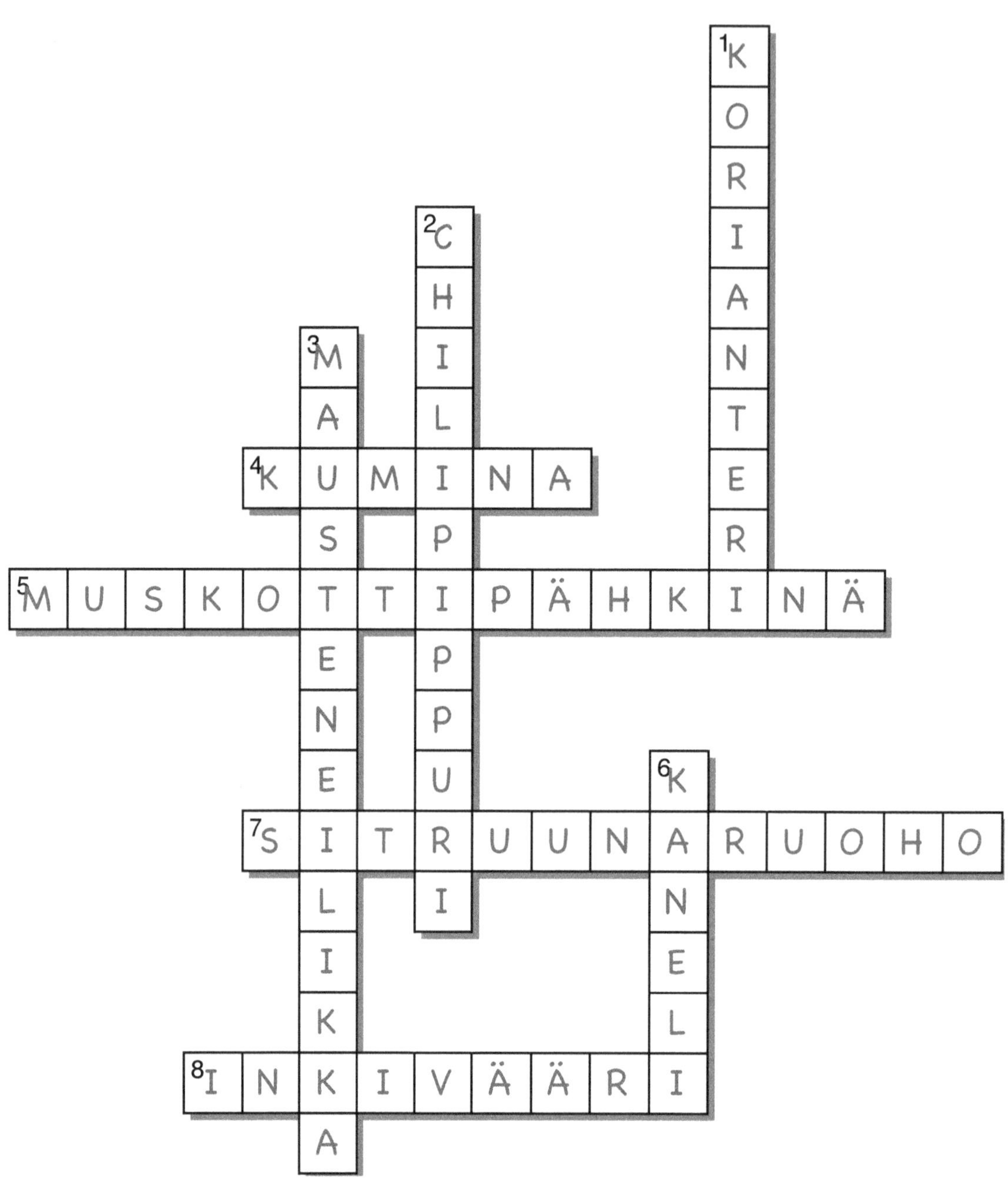

Merieläimiä • ratkaisu

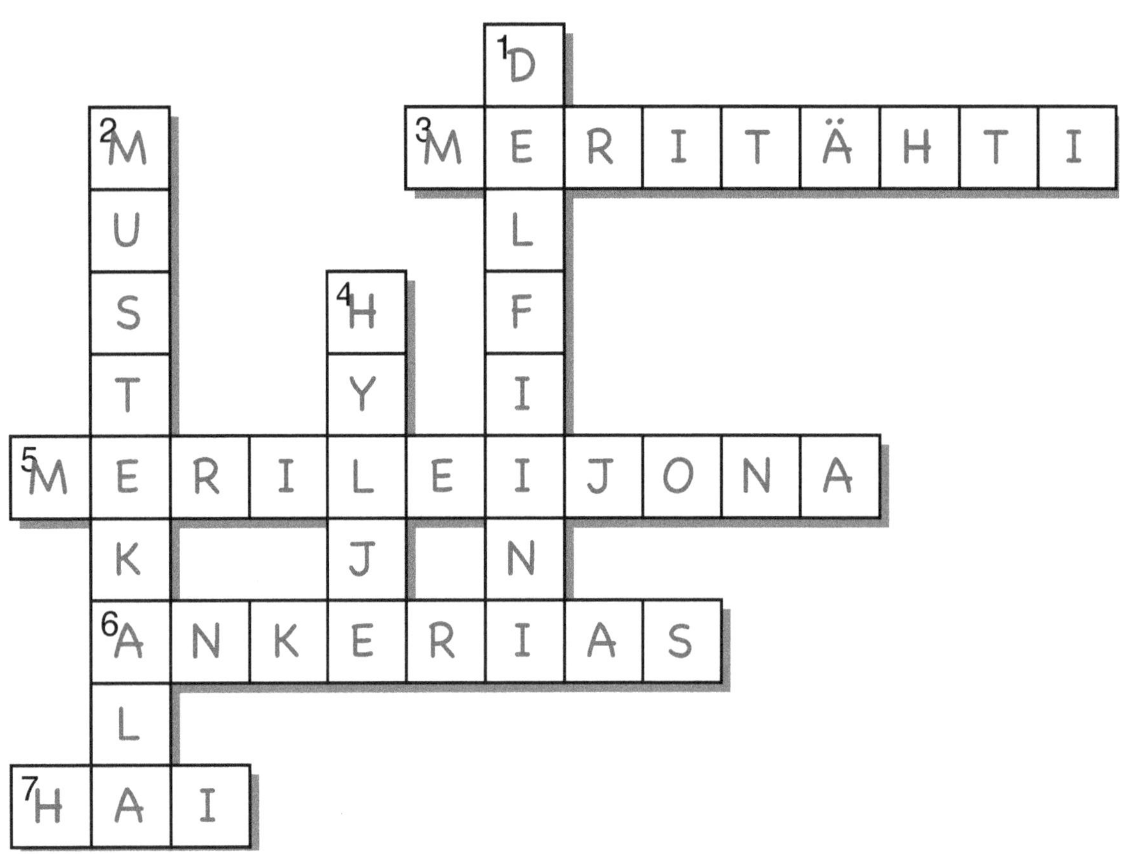

Leipiä ja leivonnaisia • ratkaisu

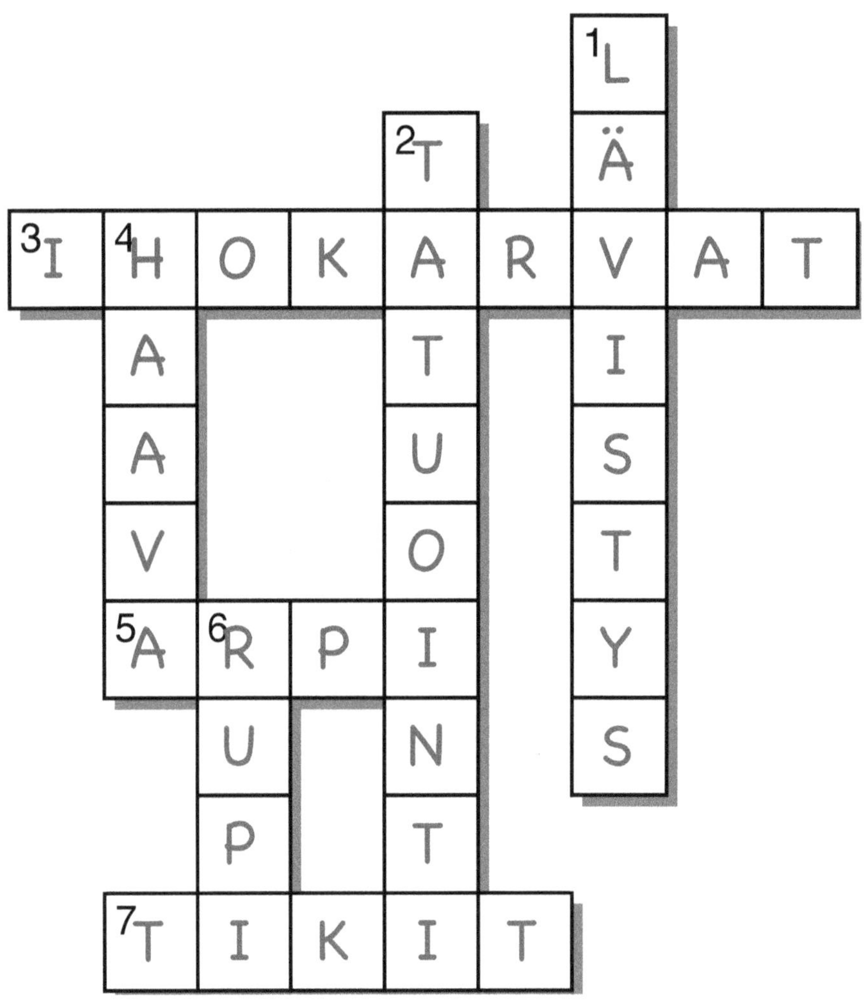

IHOKARVAT
LÄVISTYS
TUOPINTT
TIKIT
HAAV
ARPUP
A

Turvallisuus • ratkaisu

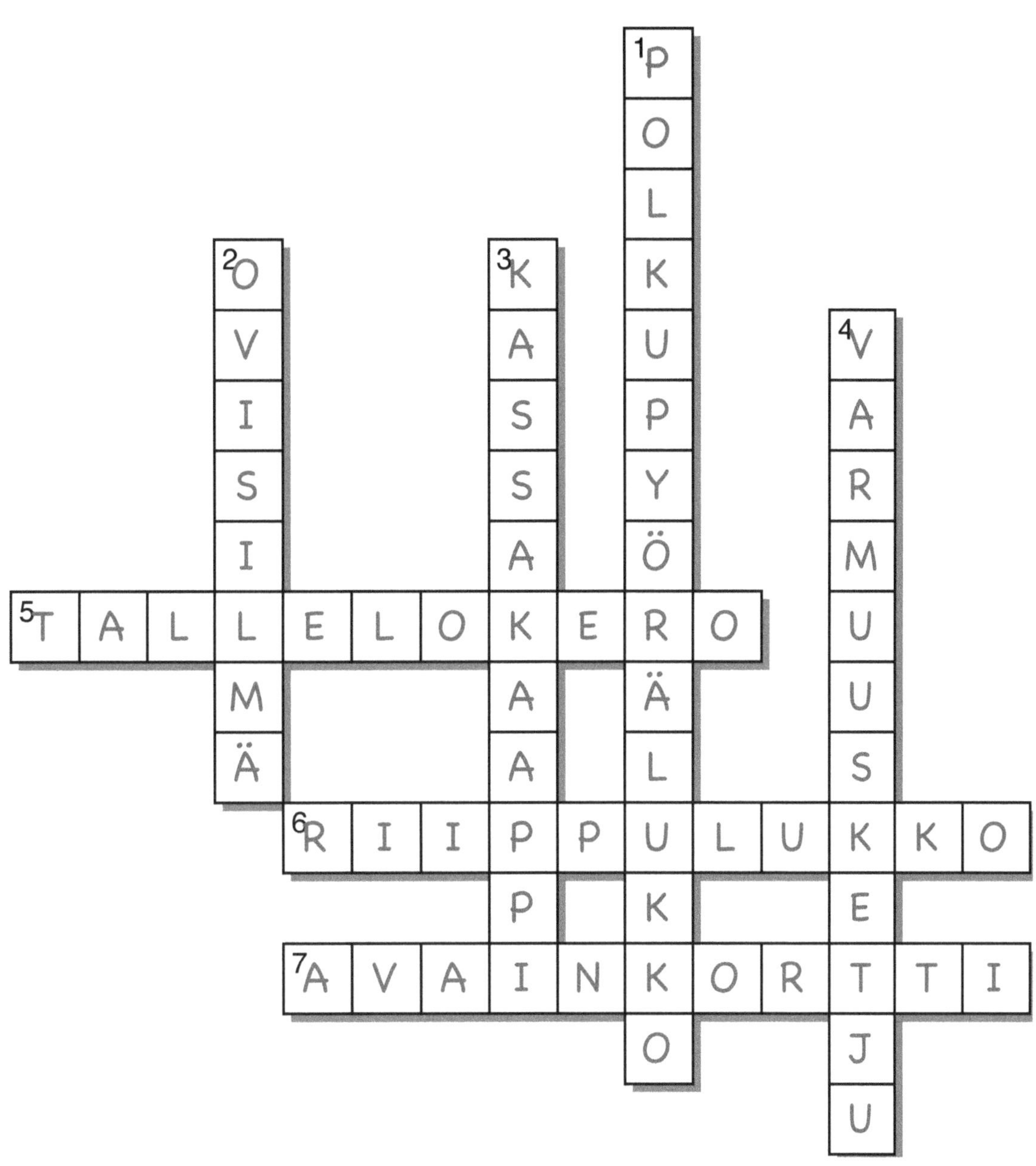

Juureksia • ratkaisu

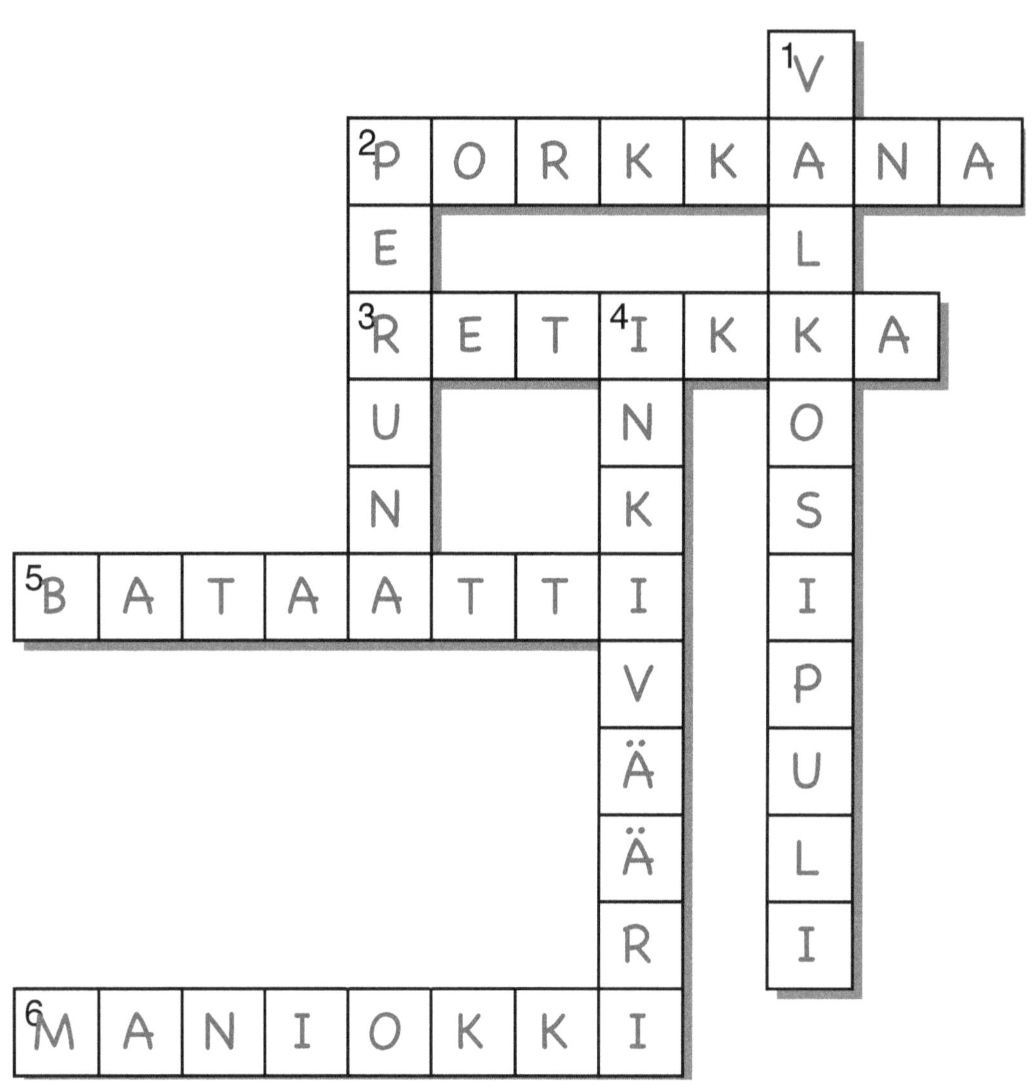

Taiteilijatarvikkeita • ratkaisu

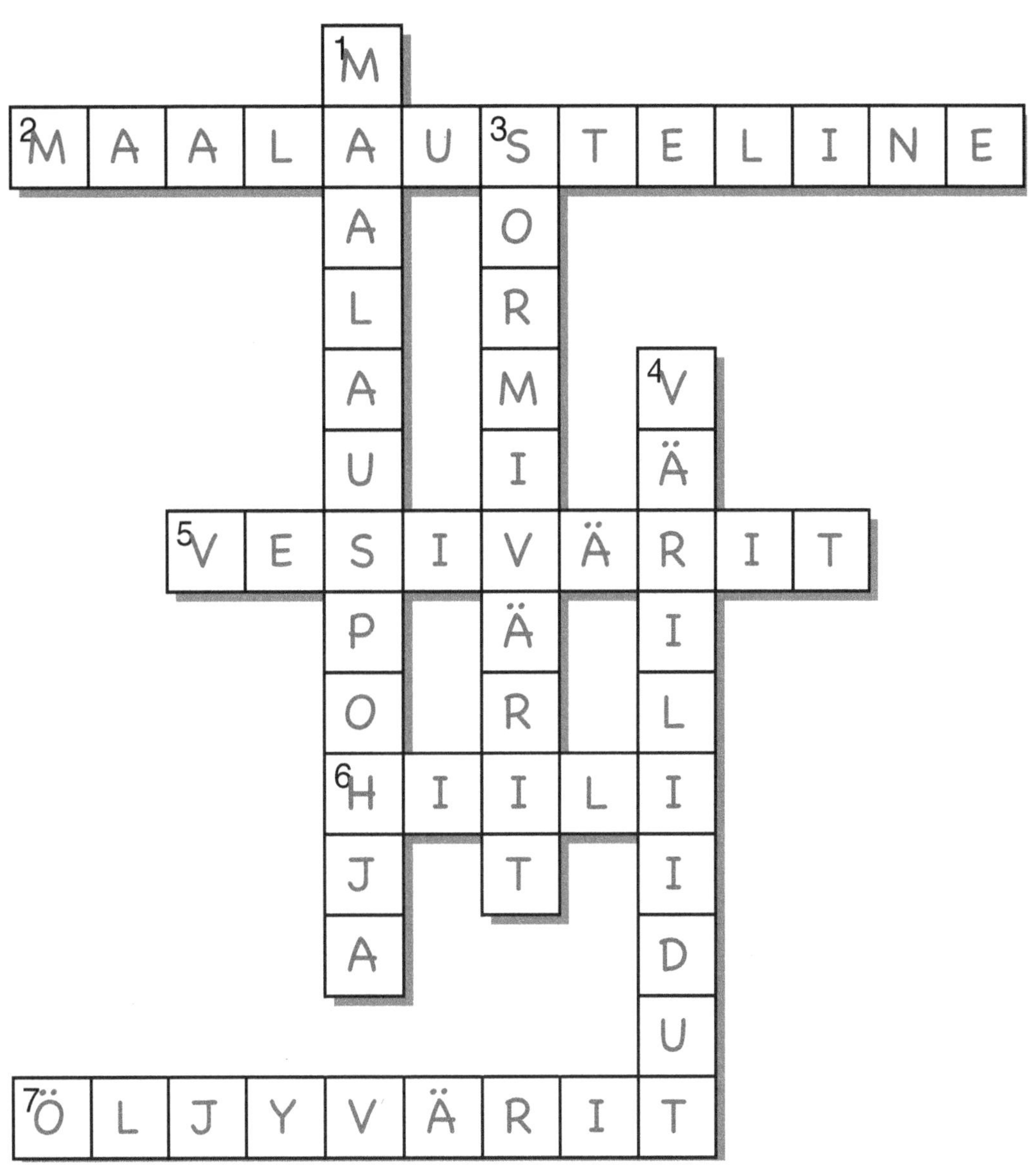

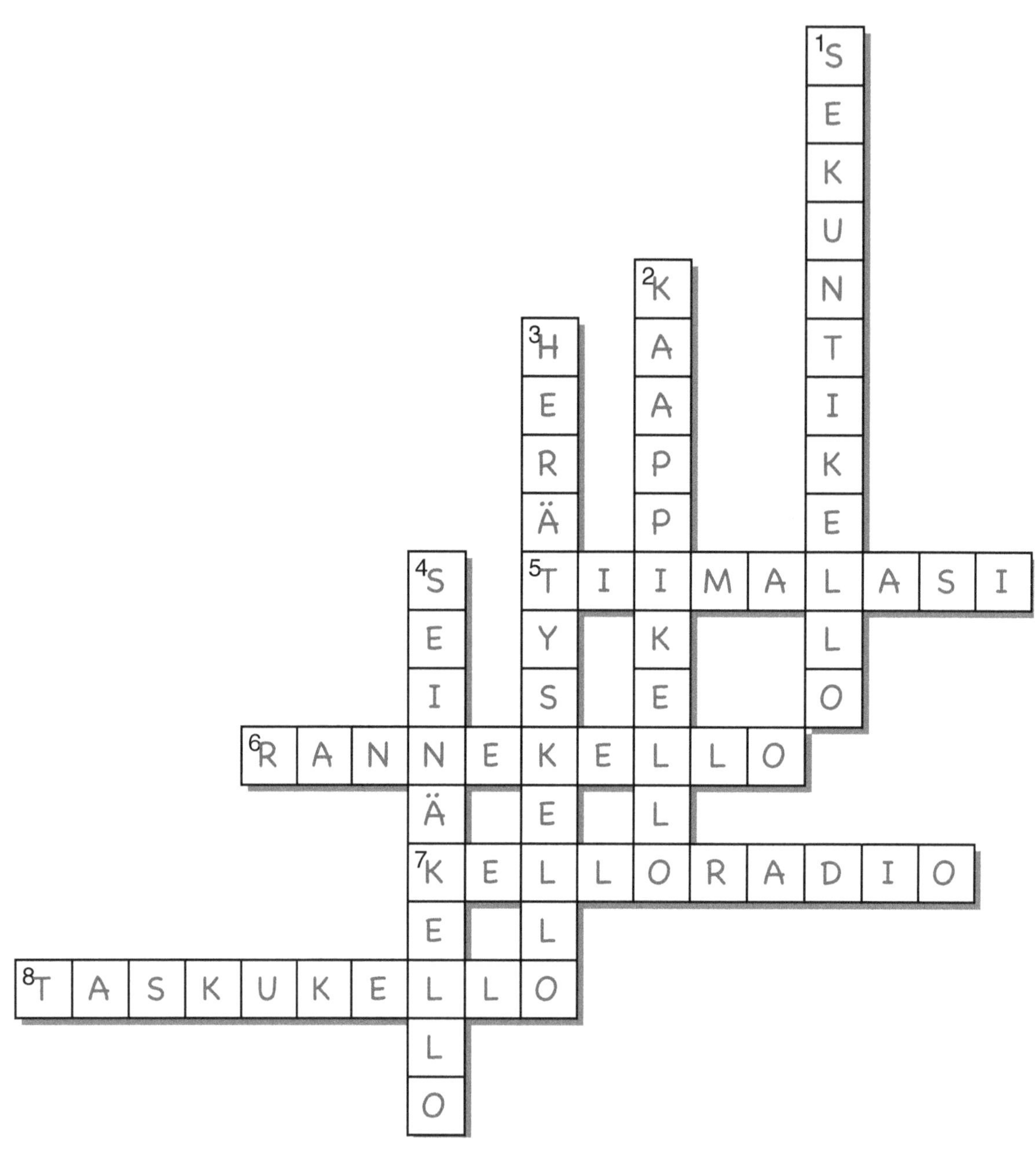

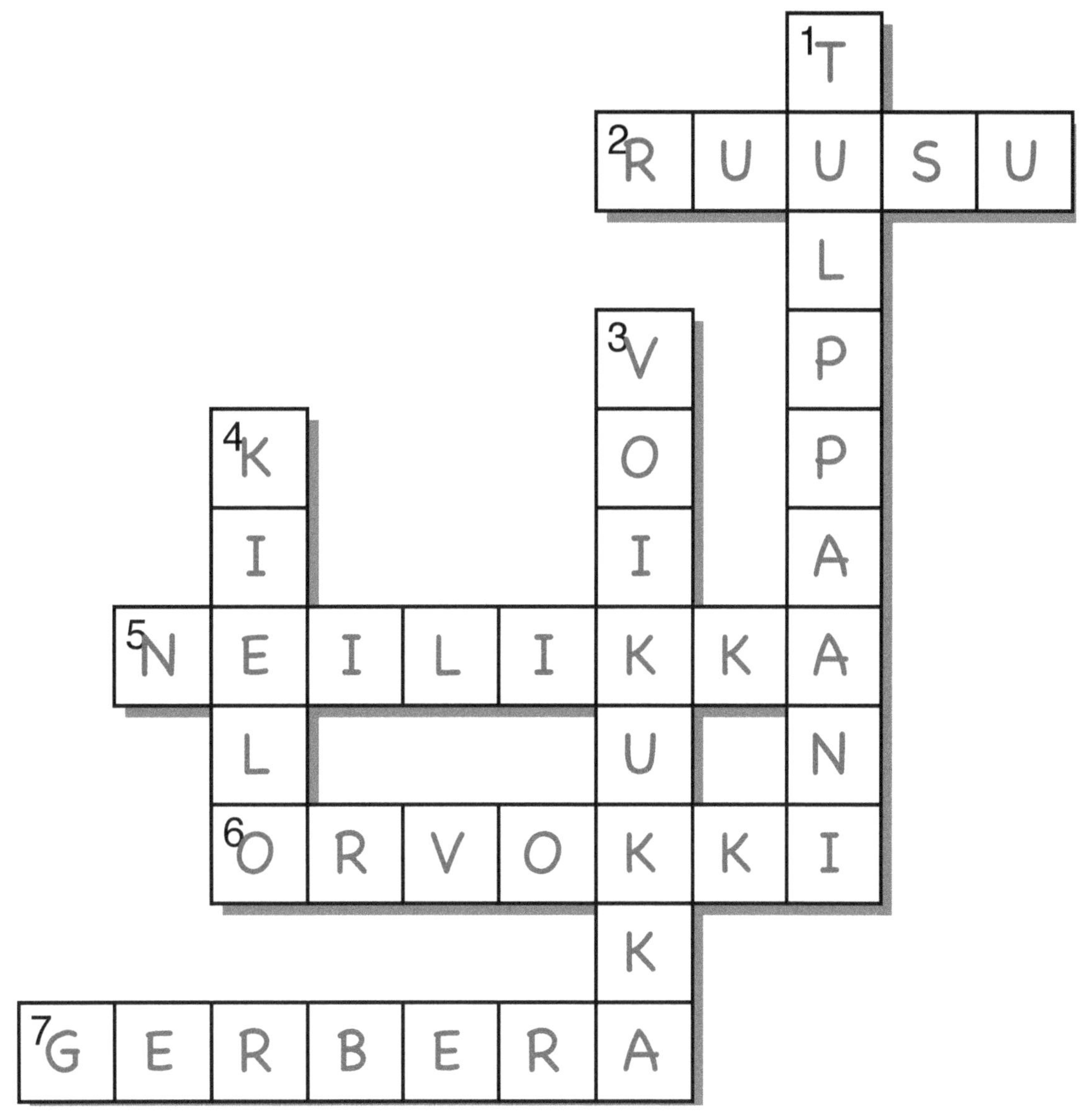

Kukkia 2 • ratkaisu

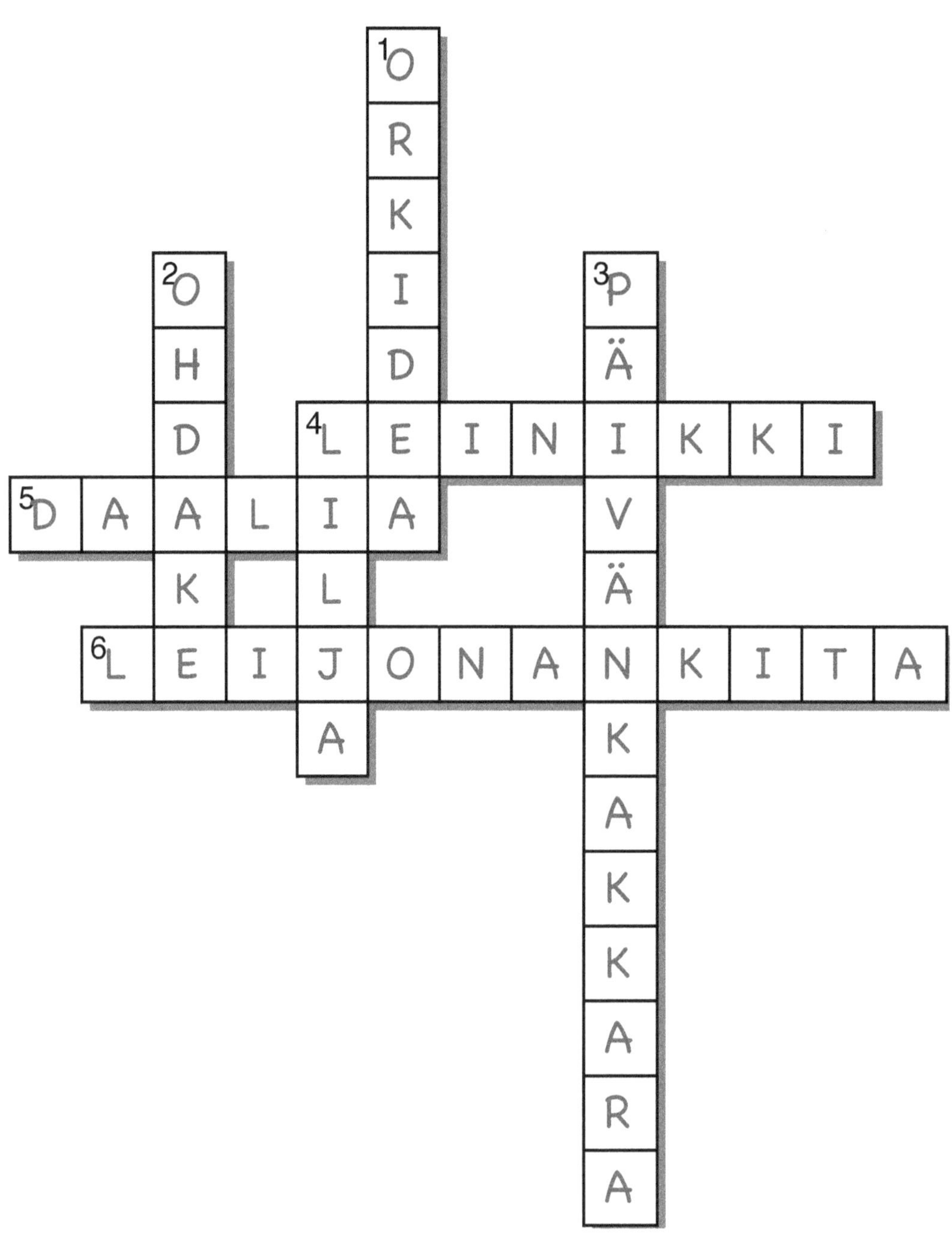

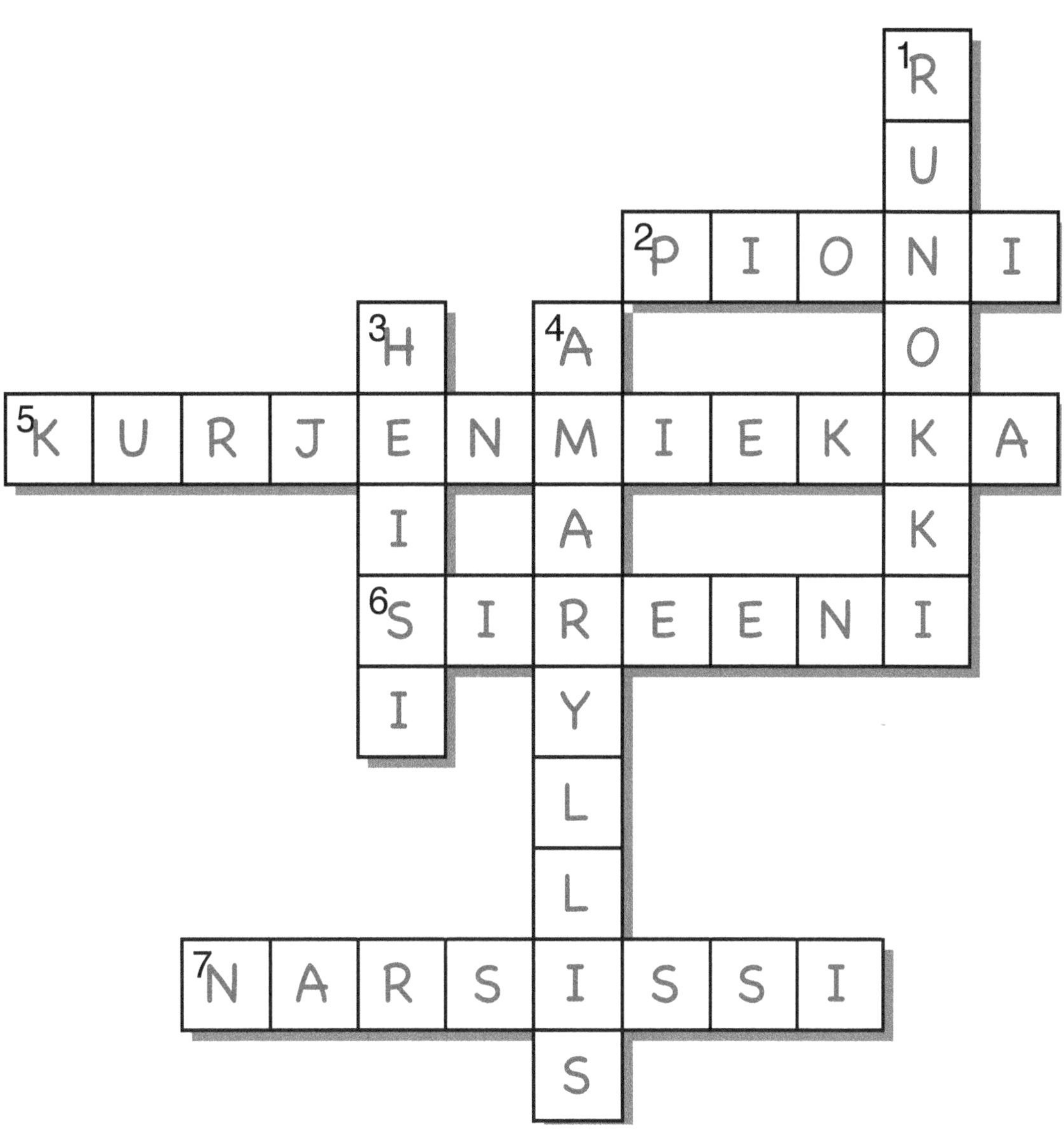

oppian.fi

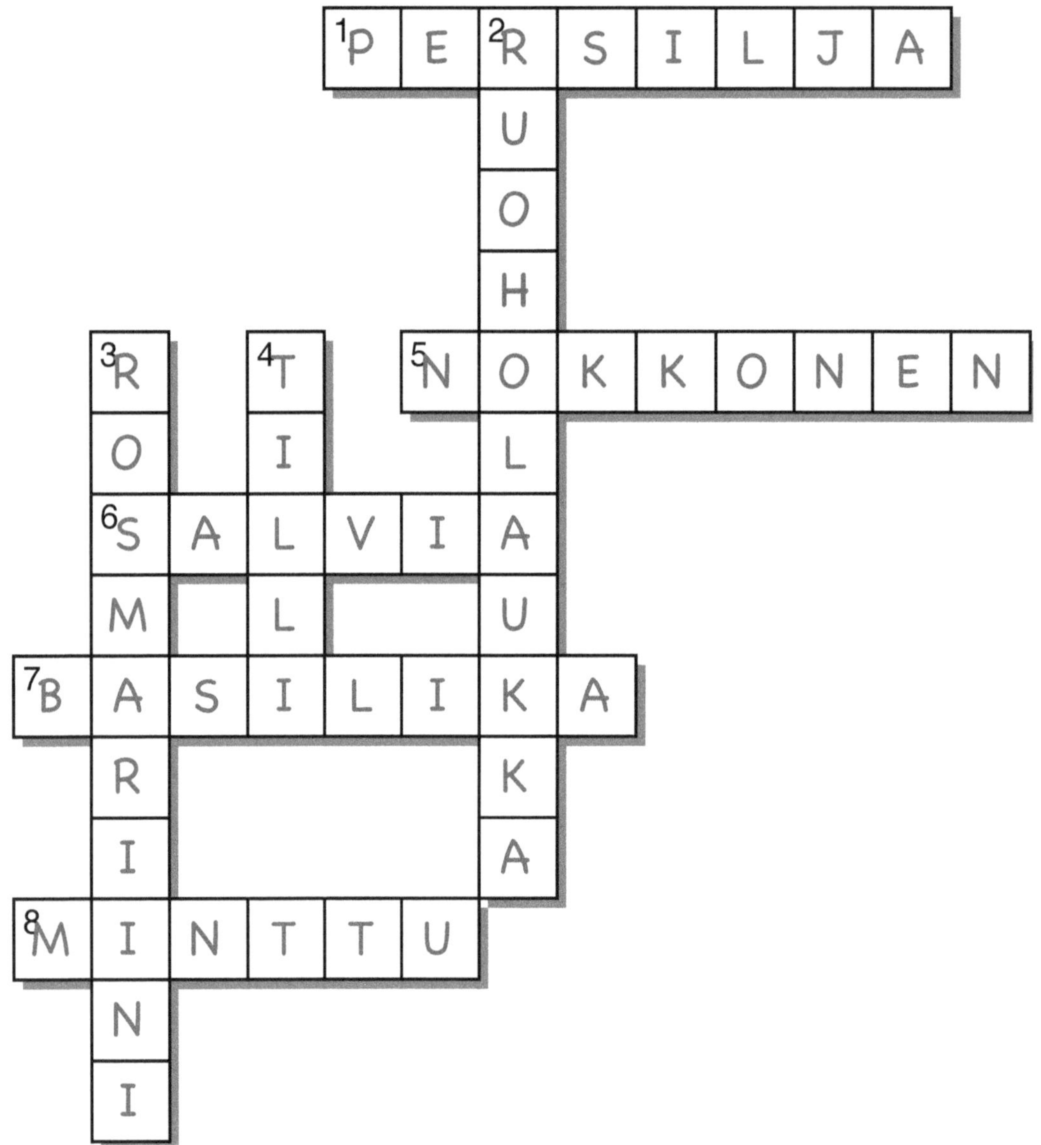

U	V	L	Ä	Ö	I	T	E	I	P	P	I	E	S	H	L	J	I	A	L
S	I	N	T	A	M	L	L	M	U	M	T	K	I	A	Y	N	T	U	O
T	I	P	A	I	T	A	V	O	T	I	V	I	E	U	T	H	M	M	A
L	V	M	L	S	O	U	T	I	P	Y	K	T	V	R	H	Ö	O	U	S
O	O	V	Y	K	Ö	M	R	M	A	M	R	L	S	I	Ä	Y	P	O	H
J	T	R	H	I	J	Ö	L	R	U	H	Y	O	H	N	Y	U	M	V	O
Y	I	O	Ö	A	N	J	V	N	T	N	Ä	R	Ö	G	P	H	A	I	R
M	N	R	K	R	A	O	E	R	O	E	K	Ö	U	O	M	V	L	P	T
H	S	K	R	L	V	I	M	T	T	L	J	H	J	N	Ö	I	M	U	S
V	E	J	A	L	K	A	K	Ä	Y	T	Ä	V	Ä	K	U	V	E	S	I
A	A	Y	L	Ä	L	Y	Ä	V	M	Y	Ä	U	N	U	Y	O	S	S	T
J	I	U	J	T	H	I	M	T	N	Ö	E	A	K	K	T	Ö	I	I	R
E	I	N	I	U	O	Y	K	O	J	K	Ä	I	U	K	V	O	P	M	V
L	E	A	K	A	S	V	O	T	N	O	M	Y	J	A	Ä	Ö	E	J	A
M	A	K	A	T	U	T	A	I	T	E	I	L	I	J	A	P	M	L	Ä
A	T	J	Ö	A	L	T	Ä	E	L	J	N	Y	V	H	T	Y	S	I	R
V	K	H	J	A	L	V	N	L	S	U	E	L	O	R	J	Y	E	I	U
N	Ä	V	T	N	O	U	O	L	K	T	P	P	E	N	K	H	K	T	T
S	R	Ä	V	A	V	I	P	L	Ö	Y	K	E	U	S	L	E	Y	U	N
R	Ö	E	A	M	Ö	Ä	A	Y	L	S	A	N	D	A	A	L	I	T	T

T	K	Ä	O	K	E	M	H	P	Ä	O	V	I	L	Ä	T	P	I	M	H
Y	I	R	I	J	Ä	R	U	L	Ö	P	L	H	U	Ä	U	U	E	A	U
Ö	M	S	Ä	M	N	Ä	Y	T	T	Ö	A	T	Ä	T	L	Ä	N	I	N
T	O	P	H	H	I	Y	R	L	R	A	Ä	R	N	I	O	M	L	L	Ä
U	V	U	J	M	E	H	I	K	Ö	P	E	U	K	A	S	L	Ö	R	P
O	H	O	Y	M	V	O	J	L	N	I	S	U	T	Y	T	K	U	E	P
L	H	T	Y	Ö	P	Ö	Y	T	Ä	U	I	Ä	P	H	I	Y	U	Y	Ä
I	U	O	H	P	L	A	L	E	O	T	Ä	A	H	U	N	J	H	I	I
T	O	K	N	M	M	V	A	P	Ö	N	M	P	A	L	R	H	R	Ö	M
I	N	Ä	L	J	S	Ä	U	T	J	N	O	N	N	M	J	J	J	V	I
N	Y	Ä	U	N	T	L	Y	J	I	M	K	A	L	N	O	L	Ä	A	S
Ä	S	T	E	Ö	K	J	P	K	U	U	L	O	K	K	E	E	T	L	T
N	E	N	A	Ö	Ä	J	J	M	Ö	Ö	A	J	K	K	M	T	R	T	Ö
Y	I	J	P	V	P	E	I	H	L	M	O	H	M	A	S	O	A	H	Y
Y	I	L	M	O	I	T	U	S	T	A	U	L	U	V	E	L	A	Ö	H
J	H	I	I	R	I	M	A	T	T	O	I	P	K	K	S	L	P	K	I
M	A	M	S	I	P	O	A	H	Y	Ö	H	Ä	V	A	U	A	Ö	A	I
A	Ä	V	T	A	R	K	I	S	T	O	K	A	A	P	P	I	S	H	R
Y	O	N	I	S	Ö	V	J	Y	O	L	N	K	N	Ö	T	Y	M	I	I
U	N	N	Y	U	Y	E	H	R	S	Ä	E	M	O	Y	I	H	T	Ö	I

P	M	E	M	V	Y	L	S	Ä	I	L	I	Y	H	U	V	I	K	E	A
Ö	K	M	K	A	M	M	I	V	O	J	U	T	H	J	V	E	E	V	I
Y	M	T	E	P	H	K	O	T	I	P	A	K	H	S	E	P	E	I	E
T	E	K	L	H	V	V	K	Ä	L	H	I	T	O	U	R	J	H	S	L
Ä	Ö	V	H	V	Ä	V	H	K	P	O	V	I	A	U	K	K	O	Ä	S
L	E	U	Ä	N	J	O	U	N	K	J	S	E	H	L	Ö	P	P	L	I
I	S	Ä	O	Ä	L	H	O	I	E	P	H	P	Y	K	H	P	T	T	T
I	N	N	R	S	U	T	L	Ä	V	J	A	Ä	O	Y	E	T	E	A	N
N	R	T	L	U	P	M	T	L	R	N	L	T	U	O	L	I	Y	K	I
A	S	K	A	J	H	U	Y	I	S	V	A	J	O	A	R	V	E	L	Y
K	P	L	U	H	M	H	N	N	J	U	A	O	P	Y	J	U	Ö	N	U
H	P	Y	L	Ä	N	J	E	Ö	U	M	Ö	Ö	L	V	Ä	O	L	M	K
Y	J	T	Ö	L	V	Y	L	L	T	E	E	P	M	T	A	R	J	J	U
M	H	E	V	P	V	K	Y	U	T	L	Y	L	A	Ä	M	I	H	H	Y
Y	H	Ö	A	T	N	M	Y	Y	R	K	Ö	Ä	U	U	I	Y	M	H	P
Y	L	O	V	K	N	R	O	E	M	E	Ö	K	I	S	S	E	Y	K	O
S	I	V	O	S	V	A	A	I	R	M	Y	S	O	A	Ö	R	O	Y	I
I	R	K	A	L	E	N	T	E	R	I	Ä	Y	I	M	A	H	P	N	K
R	R	K	K	E	Ä	T	U	E	O	H	N	T	T	N	L	Y	S	Ä	A
I	R	Ö	Ä	I	O	J	N	Ä	S	J	N	I	T	I	I	I	A	V	O

```
Y  S  O  K  T  A  H  Ö  H  Ä  O  H  E  A  T  A  L  V  I  T
J  Ä  K  U  T  H  L  P  A  Y  R  P  A  M  E  E  S  O  V  Ö
O  P  M  O  O  E  U  O  Ö  J  S  A  V  Y  Ö  N  H  Ö  Y  P
U  T  L  V  P  O  S  I  N  N  V  L  J  V  I  Ö  J  E  T  I
L  R  A  I  T  I  O  V  A  U  N  U  K  I  S  K  O  Ö  N  P
U  T  M  J  L  V  M  P  V  I  J  Ä  K  S  T  Ä  J  A  R  O
V  P  K  H  S  K  Ä  E  Ä  S  N  K  U  Ä  H  R  S  L  E  Ö
A  A  Ö  L  L  A  H  R  S  U  V  Ö  S  N  A  U  O  Ö  E  N
L  O  Ö  Ö  Ä  R  L  L  U  M  I  K  A  S  A  K  Ä  T  Ä  S
O  M  N  R  N  T  I  Y  H  Y  J  K  T  U  N  I  A  R  P  U
J  V  R  E  V  T  H  N  I  Y  H  S  R  J  O  J  Y  U  R  O
T  Ö  H  P  V  A  O  M  H  R  O  O  P  H  Ö  T  N  O  V  J
J  S  Y  I  J  P  V  S  P  I  R  N  Ö  T  M  N  Ö  M  Y  A
S  Ö  M  I  L  P  R  Ä  Ö  Ä  N  V  O  P  L  N  N  T  K  T
R  I  S  T  E  Y  S  Y  O  J  U  A  O  Ö  K  H  E  A  I  I
A  S  K  N  Ö  M  E  N  M  Ö  I  V  A  U  S  M  Y  S  A  E
M  H  T  Y  S  S  K  L  T  T  T  O  S  V  Ö  R  J  O  H  E
Ö  R  A  Ö  O  E  U  U  E  K  O  P  E  R  O  Y  S  O  S  H
V  Y  Ä  H  A  N  S  I  K  K  A  A  T  M  U  J  E  P  V  Ä
H  M  A  A  Ö  I  M  U  A  K  I  T  S  T  A  K  K  I  K  J
```

J	A	K	K	U	P	R	S	J	L	T	K	J	Ö	V	R	Y	L	J	A
I	V	I	O	Ä	R	A	P	T	L	A	A	S	T	Ö	H	Y	S	K	V
I	O	J	T	A	K	I	K	P	J	R	E	S	V	L	Y	N	P	Ä	I
O	T	I	L	O	Ä	T	L	E	S	J	P	Y	O	H	T	V	Ö	S	S
I	I	Y	S	V	Ä	I	L	O	R	O	N	A	O	K	J	P	Y	I	T
H	Ö	Ä	V	K	I	I	R	Y	P	T	Ö	S	Y	N	E	I	R	N	U
Ö	Ö	Ä	Ä	Y	P	K	K	I	O	I	E	T	I	Ö	O	A	J	O	I
N	I	M	L	Y	A	K	U	N	L	N	P	M	H	M	L	O	S	J	N
I	E	L	E	U	R	U	U	I	V	E	M	M	O	T	I	S	I	A	M
S	I	N	R	E	V	N	I	P	T	Ä	E	Ö	N	R	H	N	H	V	I
K	P	Y	P	O	I	A	Ä	M	H	K	M	K	Ö	Y	R	L	K	Ö	M
A	S	O	I	Y	E	O	I	T	M	Ä	O	O	R	L	P	R	O	L	A
T	N	V	Ä	Ä	R	Ä	H	Ö	T	E	L	J	K	O	N	K	V	A	V
U	P	Ö	N	A	T	S	S	Y	Y	U	U	O	U	A	Ä	L	J	S	A
K	S	K	O	L	M	I	O	L	E	I	P	Ä	U	N	Y	T	V	I	R
I	J	Ä	Ö	R	L	V	S	T	Y	Y	N	Y	O	S	T	M	T	T	T
U	P	V	P	K	L	P	A	K	Ö	M	P	E	A	J	T	R	O	N	J
O	I	R	S	S	V	L	Ö	J	J	N	H	V	O	J	Ö	U	Y	M	P
T	J	R	S	A	I	M	I	L	K	N	E	A	N	E	N	T	S	J	J
J	A	L	K	A	T	I	L	A	Ä	E	K	Ö	A	V	U	E	O	P	S

```
N T O H R V U K J V N U U S Ö K Y E E O
N T V H U K E H Y R U H U O Ä Y K Ö I P
K S A N N K H S M Y A Y I E O N I Y R P
S L Y I O R Ä S O S H Ö I I S Ä R Y L I
T U O L I J U N U I Y Ä U N U N J S A L
K N L S L E P V J J A A L M R O A K I A
M S R T A S K U L A S K I N E S S O T S
Ö E U L U U E A S E R H A Ö Ö E E P Y A
U Ö U A N N H H K N R Ä H R P U H I E P
R K M O R N U V M Ö K Y Ö S Ö V R R T Ö
S Ä N K H H U Y Ä S H P H N Ö K P L E Ä
I K M S L U O K K A T O V E R I E O E N
M H Ä I K A A L N I I V H A T Y T T Ö O
A N S N L H H S I M V E E O I I O O N P
P E H A T J S V Ä J Y Y A T I E J P R T
Y L J V N E P U P U L P E T T I V S O Y
M V Ö N A Ö J N H T N P K J P K H O E K
L J Y N Y M A I M Ö O E I R Ä T M V H U
S P U S E R O J A E V O Ö I T S T T T E
V K A J O P U L A U K K U S A M V Ä O L
```

```
S  Ö  Ö  Y  L  R  K  I  O  T  I  A  O  R  N  S  T  O  Y  I
R  A  K  M  T  T  E  L  E  V  I  S  I  O  V  E  E  V  T  V
N  E  L  O  Ä  J  H  K  I  M  P  N  H  Ä  E  N  U  O  A  M
N  K  Ö  T  T  R  K  P  R  J  N  H  V  E  R  P  O  E  B  T
I  Ö  I  J  K  L  E  A  R  A  V  I  I  M  H  L  Ö  Ö  L  U
Ö  O  Y  H  Y  Ä  Ä  U  E  S  Ä  E  M  U  O  O  T  A  E  L
J  T  A  E  S  R  Ö  S  Y  R  J  E  U  J  M  M  Y  R  T  P
J  Ä  M  I  O  O  I  T  V  S  S  K  T  V  M  U  H  R  T  P
L  N  J  K  L  M  K  U  V  N  P  A  E  E  K  Y  K  A  I  A
S  I  E  A  S  E  V  I  Y  Ö  H  Ö  T  J  K  M  Ä  V  H  A
P  N  Ä  N  J  Ä  L  I  A  N  L  V  U  R  A  P  H  Ä  Ö  N
R  E  Ö  N  P  A  V  E  J  M  P  L  O  Y  E  P  R  I  J  I
P  Ö  L  U  P  S  P  U  K  J  H  J  L  U  R  K  R  P  T  O
A  V  R  T  V  Ö  O  Y  R  K  N  J  I  S  T  H  J  A  J  M
V  I  Ö  M  H  I  T  Ä  T  Y  A  U  T  O  N  L  O  P  Y  L
M  J  P  Ö  Y  T  Ä  O  M  O  L  V  S  R  L  A  S  I  M  O
V  T  L  P  H  E  T  H  H  H  M  H  R  V  A  Y  E  R  R  J
A  P  P  E  L  S  I  I  N  I  R  L  V  L  A  Y  E  N  M  V
H  S  Ä  E  H  R  R  H  Ö  H  H  V  Y  L  Ö  N  Ä  P  U  S
A  Y  Y  O  Ö  S  S  K  E  Ö  M  A  L  J  A  K  K  O  V  L
```

Asunnossa 2 • ratkaisu

```
T Ä Ä U P N N I H O Ö I Ä L U H V U I L
U I I L N Y J J M V L N V S K S Ö O U R
O T A P E T T I P U O K Ä I V V I S M R
L A U R R R V A U V A N S Ä N K Y J A V
I Ä J J M P N M P Ä U T Ä A R V M Y Ö Y
K E T R L U U M L M E S I S L Ä O O N L
V Ä T K T A U Y O Y H K H N L K B Y N Ö
O J J Ä J O R J T Ä K P H V E V I H K Ä
Y Ö H M Ö Ö S U L U U I J I I U I K T V
M Y J E M A I V M O O S J T P I L Ö P M
K U N J Ö Y Ö I N P H M Y H U E I U S T
J J Ä T V H K E J Y K L H O M E M N J A
K M H Ä P O R E U Ö I A K U I K S N O U
U K U A A N T U K H I P H Ö Ä T I Ö T L
Ä P K Ä J T V H T L O E Ä Y S Ö R V P U
H Ö U T H O I T O P Ö Y T Ä U L L K K P
E O O Y Ö J P O V A Y H T P V U Y P J K
A Ä B O O R D I L P K E R P U V V O U P
A O O U J A N Ä Ä L Ö S J T K T M N V R
V V T K P N U K K E A H H P H U A J Y H
```

Asunnossa 3 • ratkaisu

```
K P E I T T O P Ö S Ä U E U A R L V L V
Y R N T E I H O E S N Y Y K V E L A P A
K H V U O D E L E O A Ö P H K U I Ä L
L A Ö Ö A V Ö H O N Ä Y P S K I U M E O
O P R Ä U M Ö T P R N A Ö I O R U M J K
L Ä Ö H M P Y M S V R U Y T O A S J Ä A
N Y E S I Ö M A S L S T T K S H H A I T
T Y Y N Y U P P O J Ä A Ä Ä Ä V H N J K
Ö R J Ö Ö R J K A I Y H A T N I M I H A
H J T H K U P V M V Ä K Y N G Y A T V I
L T Ö Ö N A I P E U N E V U Y U R M I S
P H P N Ö S E S K I S P P H N T U S T I
Y L V Ä L Ä U K T P I T R J P S K Ä K J
A A E J U R Ö T R I K H S A Ä Ö A R L A
H N A L L E S K V O J M J E Ä O H S E H
U Y A S K Ö E M S U J O Ö T T R Ö J O
V P P Y M Ä K V A I N R R P Y Y U R N N
N J M N T Ä T Ö V Ö U O O V H H Ä R R Y
L L U I T O S S U T Y R E J A A V Ö V T
R Y R L A M P P U A R K Ö A A U I I M Ä
```

```
M U T E Ö N U I A I P U Ö M H A N A N L
U L R P M Ö L N K Ö Ä L K Y L N J P V Ö
L K A O I J L S V Ä R A O V O L H I I S
O S S N Y E K N N T R R R V P M S M K
Y V Ö T A L L A S I R E V V E K R T J Ä
O Y L E A E V T T K L T A T U T P O S S
Y P A A L Y T O E T Ö V V H Ö S K R N I
K E T S T J V J S Ä S P A K N Ö A Y D
R L K U N T Y Y E P L S L E P Ö Y S O E
Y I Ö O L V J Y M E E R O O U Y J I Y S
Y M K Ä R T T Ö I E T E H U H A Ö A S I
O L N O I H E E Ä R U A P Ö M Ö H J Ä H
V Y V E R E N P A I N E M I T T A R I J
R Ö A L N M I U P O H O E Ö V M O Ä T I
K V Y N A R M Ä Ä L A Ä M Ä Ö Ö P H Y H
N L P U E Ä L N Y U M Ö V U E S Y L A O
K A L E N T E R I K L N R P K U R Y V R
P U M P U L I A I P P H K A A P P I Ö N
L V V E T O L A A T I K K O J Y K T M L
V S R R Ö Ö Ä O U P S R P Ä V A Ä T H T
```

Tutkittavana • ratkaisu

```
M V U J Ö H L V P M U J K R E O V N I Y
N N Ö R S R K H M K U V A R U U T U A Ö
T U L T R A Ä Ä N I T U T K I M U S N A
M I Ä Ö V Ö A A T S L S L Y N I Ä P T T
S O L L O Y E R Ä L J I T J O J Ö K U P
Ä A L S L O O N R Y A Ö M M L T H Ä R V
T Y N J E R Y R Ä P A R R H J J Y O I M
K N Ä H Y V A S O T M O Ö T E J I P Y E
O T O Ö H E U K U M A A V E N I I P I T
Ö E J Y U K M P P J Ö A J T H E U H Ä L
V E P O T I L A S I U O P V N U Ö O H Y
P U J A L L H Ö H S I E Ö S T I S V N V
I T J Ö T U T O V A I V I H Ä S M U K L
L E K R M S Ä O P J V R R H Y Ä J P P A
O I K Ö H P H J Ä H V O H O O E Y A Ä I
T U T K I M U S H U O N E S R Ä Ö S E T
U Y L K Ä S T Y Y V Y I N A V U P I N E
U Ä L Ä Ä K Ä R I Ä Ö U L J L S E R Ä Ä
J P O T K Ä Ä V U V S U E P K H T Ö M K
Ö Ä O L S Ä E M A U J J Ö J T P L Ö T M
```

Leikkimässä • ratkaisu

```
O L S I V L M M K M P L E E I L L U M V
N M I O S O Ä Ä Ö P A V N I K E K V J V
L M L Ö E L A J Ö O N Ö K J V L M A I K
T Ä M P R M J N I I Ä J K O O U U N Ä Ä
H T Ä H O U S U T K U Ä J Ä V A O M L I
Y Ö K S H L R Ö A A S O U I V U Y M S Y
R Ö P R M E H N R M A U Ö A H T T S M R
S J R K Y N P Ö E U V N L N I O P I J S
N V Ä A A K O U Ä I Ö J H M H N J L E U
O J J M Ö K P Ä L U U O N O Ö R O S Ä H
O S V J T I J P R Y M M I I I N N V T I
S O R M E T Ä Ä A J U Ä Ä L Ö Ä P Ä Ä E
V Ä L M K O R L H N N E E Ä K Ä K Y P S
Ö N U J K S M O U U L A I V H R T T U Y
O U I H O S M M I Ö M O V R H P A N S R
U M O M R U L S N P V O L V A I E O E U
H V A V V Ä H O K O Ä Ö L U A E I K R L
A Ä S O A H T J Y H I P Ö H M E J O O Ä
O K T O U Y J U I U V Y K K A T S E P R
J M R E K Ä S I V A R S I Ä N H N Ö L T
```

```
M V M K N O T N Ö R K S M P J H L A K R
K A T T O V A L O M E I J V I Y S S Ä U
K Ä O Ä E U B H L Ö L V I K H O U N Ä N
J H N E M J A Y N S V A L A I S I N L E
T U E Ö R Ä A K O R I S T E K A S V I K
N M V J Ä M R M O A J V M Y Y A R S H J
K R I A M A I L H A Ä Ä V J J J P H K K
M M R O U H J N H Y Ä K Y A A Y H P A H
Ö I I V I T A K V O P R N K V P E R Ö E
A J I Ö Ä H K J A Ö S U M R P O N A U I
Y S Y A T V K K N E Ä K E Ä Ä P Y P H J
H Ä L L J P A K M L M Ö P N M O R V Y A
P H N E Y Y R I U Ä A A T S Ö I P T K S
Y N O M R O A Ä V H H Y T N J S E M R T
E R P T A U A K L E I O I H U M I H H U
Y E H E Y R Ä A I P V J J V U A L U O S
B A A R I T I S K I V T A S R J I I A T
H I T S T J R Ä Ä H O R Y Y V Ö E Ä T J
U U K J Ä L T Ä P Ö Y T Ä P U L L O N T
Ä L R N O J A T U O L I P S Ö E N H U I
```

```
Ö  S  Y  T  U  R  K  K  I  O  M  K  Y  N  N  E  T  V  M  P
K  H  Ä  Ä  P  V  A  Ö  T  J  K  Y  U  S  I  A  R  A  H  Y
V  S  I  I  E  J  T  L  J  N  T  V  M  N  V  A  T  H  E  Y
O  A  U  Ö  N  L  J  L  M  U  E  L  Ö  Ä  A  Y  M  Y  Y  Y
Ö  M  O  P  T  E  R  Ö  U  S  Ö  T  V  P  S  J  E  E  T  K
R  L  A  H  U  L  Y  Y  J  K  P  H  R  P  R  H  S  N  T  R
H  U  P  K  U  M  I  A  O  U  Ö  O  T  N  E  Ö  P  V  R  Y
H  Ö  R  K  R  Ö  R  U  I  L  Ö  Ä  I  A  K  N  K  E  R  K
Y  N  R  V  O  Ö  N  R  L  Ö  E  K  A  I  R  V  O  Ä  L  K
A  P  Ö  E  P  M  H  P  M  Ö  M  Y  E  S  K  R  U  Ö  L  Ä
Ö  O  K  H  Y  Ä  J  Ä  Y  V  K  U  O  N  O  R  Ö  S  Ö  P
R  T  T  P  H  L  I  J  M  A  E  H  U  I  O  K  U  Y  Y  Ä
T  S  V  L  I  U  A  T  O  T  R  T  S  N  E  P  A  H  J  L
R  O  Ä  Y  Y  H  P  L  H  I  Ö  N  V  R  A  N  P  H  A  Ä
K  V  Y  M  V  Ö  L  T  R  A  H  Ö  E  I  Ä  J  Y  Y  N  R
A  Y  V  J  P  Ö  O  I  Y  S  M  S  E  M  O  R  N  H  M  J
Ä  S  N  S  J  Y  M  Ä  T  N  H  H  A  S  A  Y  M  E  K  V
Y  E  T  A  S  S  U  N  L  A  J  T  Ä  R  L  T  A  A  Ö  Y
K  Y  Y  P  Y  N  M  Ä  N  E  K  A  R  H  U  Ö  Ä  L  K  J
N  A  L  L  E  L  O  A  V  S  U  L  M  E  K  V  J  K  V  U
```

```
O  S  B  U  F  F  E  T  T  I  H  R  T  E  T  L  M  J  P  M
V  I  Ö  J  Y  N  I  L  L  Ö  L  I  M  O  U  A  Ä  Ä  U  K
E  K  T  H  Ö  M  P  A  T  R  Ö  V  U  J  A  U  Y  Ä  Y  R
J  N  K  R  H  T  S  U  L  R  H  E  J  Ä  A  T  L  D  J  Ö
P  I  L  E  R  N  U  T  H  U  S  A  Ö  L  L  A  L  Y  S  H
M  N  S  Y  Ä  I  S  A  A  O  V  V  A  K  H  N  T  K  T  T
Y  L  E  I  V  O  S  S  K  S  R  J  V  I  S  E  Ö  E  H  Y
J  Y  O  U  P  Y  T  L  J  M  Y  A  T  R  U  N  O  O  V  O
J  K  L  M  Y  N  A  I  M  R  V  L  N  U  M  U  P  Ö  I  K
V  L  H  I  R  L  R  I  Ä  Ä  H  R  U  O  V  N  Y  E  L  A
H  U  L  P  A  M  U  N  M  R  N  P  A  K  U  L  K  H  V  K
R  Y  L  R  M  L  S  A  I  O  N  L  S  A  P  V  I  K  S  K
A  H  M  T  S  V  Ä  T  K  S  Ä  L  T  H  N  L  H  R  L  U
Y  O  M  U  E  J  A  M  Y  J  S  A  T  J  H  R  O  K  O  Y
I  E  Ö  J  O  P  U  T  A  R  J  O  T  I  N  O  I  R  H  S
V  Ä  E  E  P  T  L  Ö  O  A  A  J  V  R  S  Ö  N  T  A  O
N  O  U  T  O  P  Ö  Y  T  Ä  O  I  P  K  A  Ä  J  R  E  T
M  N  O  V  S  M  A  O  I  L  K  U  O  R  T  I  S  K  I  I
U  H  E  D  E  L  M  Ä  O  H  M  P  K  U  T  A  M  P  T  N
P  I  M  H  K  H  J  Ä  K  T  Ä  J  J  K  T  L  E  I  J  M
```

```
N M Ö U M A Y Ä P R K L M H Y T E N U M
O T Ä Ö S O N U Y P A E P I H V H P T Y
H I S J S Ä T N Ä E N M R I Y Ö S J Y E
V H P I N U Ö K V V S Ä S R P L Ä J T A
V I H E R K A S V I I S N I P P N L I I
I O U J H L Ö H M Ö O I T H Y N N S N K
H I I R I M A T T O L H H O U P Y N E O
N J S H Y S R E V Y H T H L M V N J T U
P O I N T Ä P M U E P E E V Ö P K A A V
L Ö Y N K I Ä R O T Ö Ö Ä N I J Ö L B E
L L S Y O L O A N J I I Y N H U O U L N
N S T Y Y Ö M M M Y T L T Ö Ä R A S E Ö
M I T O O S V J P K R A O N H A Ä T T I
E O V N O Ö I P S Y U A K V J Ö Ä A T Ä
U U U N Ä P P Ä I M I S T Ö I J L A I Y
T A U S T A K U V A Ä T H R K Y Ö V O V
S V T H Ö H Ä P U T U A K Y L L P Ä U T
J R V N I T I E T O K O N E Ä I V O Ö I
V T R U N N V L U U A Ö N I S Ä Ö J T A
L L N V A L A I S I N I S N O K P O R L
```